WHO IS WHO

der Wittenberger Schlosskirche

EIN FESTE BURG IST

Evangelische Wittenbergstiftung (Hg.)

WHO IS WHO

der Wittenberger Schlosskirche

Standbilder, Glasfenster und Medaillons: Die Menschen der Reformation

EVANGELISCHE WITTENBERGSTIFTUNG

Inhalt

Vorwort

Wer nach Wittenberg zur Schlosskirche kommt, erwartet zunächst Martin Luther. Natürlich trifft er ihn auch. Martin Luther ist nicht allein, sondern ist in eine Reihe gestellt mit anderen. Es sind viele Menschen, sehr viele. So viele, dass man ein kleines Lexikon braucht, um eine Übersicht zu bekommen.

Dieses kleine Personenlexikon der Schlosskirche halten Sie jetzt in der Hand. Erstmalig wird mit diesem Bändchen ein »Who is Who« der Schlosskirche vorgelegt. Schnell soll nachschlagbar sein, welche Person in der Schlosskirche dargestellt ist, in einem kurzen Porträt, den Lebensdaten, einem typischen Zitat und einem Hinweis, wo man mehr über diesen Menschen erfahren kann. Die Idee ist bei der Vorbereitung der Ausbildung der hier tätigen Kirchenführer entstanden. Zunächst war das Büchlein nur für den Ausbildungszweck, »nur für internen Gebrauch« gedacht. Nun aber soll das »Wer ist Wer in der Schlosskirche« einem breiteren Kreis von Interessenten zugänglich gemacht werden. Sonja Dreyer von der Evangelischen Wittenbergstiftung hat diese Idee aufgegriffen und umgesetzt. Der Journalist und Theologe Uwe Birnstein hat die Portraits verfasst. Beiden gilt der Dank des Herausgebers. Ein besonderer Dank kommt dem ehemaligen Küster der Schlosskirche Bernhard Gruhl zu, der mit seinem Fachwissen tatkräftig unterstützt hat.

In der Schlosskirche in der Lutherstadt Wittenberg werden über 50 Menschen als Standbilder, auf Medaillons oder als Konterfeis auf Glasfenstern dargestellt; man sieht ihre Wappen oder ihre Grabdenkmäler.

Ihre je sehr eigene Geschichte ist mit der Geschichte dieses Ortes eng verwoben. Das heißt aber nicht, dass sie zwingend hier vor Ort gewesen sein müssen.

Sie sind keine Heiligen. Heilige wurden ja bekanntlich mit der Reformation aus gutem Grund abgeschafft. Vorbilder sind geblieben.

N

Darum sind sie in der Schlosskirche versammelt. Ein Vorbild ist gewinnender als Belehrungen, Moralisieren. Ein Mensch wirkt als Vorbild, wenn an seinem Leben erkennbar ist, was zählt. Jeder Einzelne in der Schlosskirche ist ein Beweis für die Richtigkeit der Wendung: Gott schreibt auch auf krummen Linien gerade.

Gemeinsam erzählen sie Geschichten des Glaubens – sind gewissermaßen »in Stein gemeißelter Glaube«. In ihrer Mitte versammelt sich die Gemeinde regelmäßig zum Gottesdienst. Hier singt sie, betet sie, hört sie auf Gottes Wort. Sonntags, zu Festtagen, zu den »Gebeten um Erneuerung« in den Wendewochen 1989. Hier kommt sie zusammen in guten, wie in schlechten Zeiten.

Die Gemeinde ist dabei von den Vorbildern umgeben wie von einer Wolke. In der Bibel – genauer im Hebräerbrief – wird schon von einer solchen Wolke gesprochen. Hier heißt sie »Wolke von Zeugen«. Im Hebräerbrief gehört der Erzvater Abraham ebenso dazu wie die Hure Rahab. Alle sind sie ganz verschiedene Gestalten mit ihren Stärken und ihren Schwächen. Was sie gemeinsam haben: Menschen erkennen an ihnen, wie der lebendige Gott in dieser Welt durch Glauben überzeugend wirkt.

Diese Bilder werden in der Schlosskirche vor die Gemeinde gestellt. Sie werden damals und heute Lebenden als Vorbilder angeboten. Die Gemeinde wird angesprochen: »Was die können, das könnt ihr doch auch. Oder vielleicht etwas vorsichtiger: Was bei denen möglich ist, das geht auch bei euch. Wozu Gott die befähigt hat, das könnt ihr auch für euch erbitten und erhoffen.« (Hermann Barth, früherer Präsident des Kirchenamtes der EKD, in einer Predigt.)

Auch das predigen diese versammelten Gestalten: Entspannt bleiben! Wir müssen und wir können nicht nur aus eigenem Erleben, aus eigenem Erkennen Gewissheit schöpfen. Ich brauche auch nicht alles selber zu glauben. Ich kann mir auch hier helfen lassen. Andere sind vorausgegangen, andere gehen mit, andere glauben für mich mit! Die Gemeinde ist viel größer als die, die gerade jetzt und hier versammelt sind. Gemeinde sind auch die Menschen, die vorangegangen sind. Dazu gehören auch Menschen, die noch kommen.

So unterschiedlich die Gestalten in der Schlosskirche auch sind: In einem sind sie alle gleich. Alle sind ausgerichtet auf Jesus Christus. Er ist auf dem Scheitel der Hauptachse positioniert – mittig im elf Meter hohen neogotischen Altar der Schlosskirche. Jesus Christus ist die zentrale Figur der Kirche, nicht nur in der Lutherstadt Wittenberg. Sein Leben, sein Sterben, seine Auferstehung ist die Mitte.

Das reformatorische »allein Christus« steht vor Augen. Beim Betreten des Kirchenschiffs kommt einem Jesus Christus persönlich entgegen – er lebt. Am schönsten sagt es doch Martin Luther: »Der Glaube ist ein steter und unverwandter Blick auf Christus.«

JAN VON CAMPENHAUSEN
Theologischer Direktor
Evangelische Wittenbergstiftung

STANDBILDER

I

Martin Luther

* 10. November 1483 in Eisleben
† 18. Februar 1546 in Eisleben

Initiator der Reformation

Der Sohn von Hans Luder, Hüttenmeister im Kupferbergbau, und dessen Frau Margarethe wuchs in Mansfeld auf. Er besuchte zunächst die dortige Stadtschule, wechselte 1497 in die Magdeburger Domschule. 1501 begann Luther an der Universität in Erfurt mit dem Studium der Freien Künste (Artistenfakultät), das er 1505 mit dem Magisterexamen abschloss. Dem Wunsch seines Vaters folgend, begann er dann Jura zu studieren, geriet jedoch in eine schwere seelische Krise. In einem heftigen Gewitter legte er das Gelübde ab, Mönch zu werden, und trat bald darauf in das Erfurter Kloster der Augustinereremiten ein. Schon zwei Jahre später wurde er zum Priester geweiht, 1508 empfahl sein Beichtvater →Johann von Staupitz ihn für das Theologiestudium in Wittenberg. In dessen Auftrag reiste Luther 1511 nach Rom, vermutlich um Richtungsstreitigkeiten innerhalb des Ordens zu regeln. Die Pracht der Papstresidenz beeindruckte ihn tief.

1512 promovierte Luther in Theologie und übernahm eine Professur für biblische Lektüre, die er bis zu seinem Lebensende innehatte. Er entwickelte ein stark von Augustinus und Paulus beeinflusstes Denken und wandte sich schließlich von der scholastisch geprägten Theologie ab. Wann er zur sogenannten reformatorischen Entdeckung kam, ist nicht sicher datierbar. Vermutlich kam er 1517 während der Vorlesung des Paulusbriefes an die Römer zu der Erkenntnis, dass die Gerechtigkeit Gottes nicht in dessen Gericht mündet, sondern darin, den Sünder von aller Schuld zu erlösen.

Seine darauffolgende öffentliche Kritik am Ablasswesen (95 Thesen, 31. Oktober 1517) wurde in der Öffentlichkeit als Angriff auf den Papst gewertet und führte zur Exkommunikation Luthers. Als er sich 1521 auf dem Reichstag in Worms weigerte zu widerrufen, wurde die Reichsacht über ihn und

D. MARTIN LUTHER

seine Gefolgsleute verhängt. Seine programmatischen Schriften wurden verboten. Das Verbot konnte aber die rasche Ausbreitung seiner reformatorischen Gedanken nicht mehr verhindern. Die Adelsschrift (»An den christlichen Adel deutscher Nation«) forderte die Fürsten auf, für ein Konzil und eine Erneuerung der Kirche zu sorgen. Die Streitschrift »Von der babylonischen Gefangenschaft der Kirche« trat für eine Neufassung der Sakramentenlehre ein und lehnte die Priesterweihe und das Lehramt des Papstes ab. In der Freiheitsschrift (»Von der Freiheit eines Christenmenschen«) verkündete Luther ein allgemeines Priestertum aller Gläubigen, das den Unterschied zwischen Klerikern und Laien aufhob.

Sein Landesherr, der sächsische Kurfürst → Friedrich der Weise, nahm ihn nach der Ächtung auf der Wartburg in Schutzhaft (1521/22). Während dieser Zeit übersetzte Luther das Neue Testament. Gleichzeitig begannen seine Anhänger in Wittenberg, die kirchlichen Strukturen radikal zu verändern. Luther griff ein und leitete die Reformbewegung in eine obrigkeitskonforme Richtung. In der Folgezeit spaltete sich die reformatorische Bewegung, Luther distanzierte sich von den Schwärmern (Thomas Müntzer), den aufständischen Bauern und den Täufern, aber auch von den oberdeutschen (→ Martin Bucer) und Schweizer Reformern (→ Ulrich Zwingli), die Luthers Ansicht von der realen Gegenwart Christi beim Abendmahl nicht teilten.

Demonstrativ war Luthers Absage an den Zölibat, als er 1525 die frühere Nonne Katharina von Bora heiratete. Einen sicheren und zukunftsträchtigen Fortgang der kirchlichen Reformbewegung hielt Luther nur dann für möglich, wenn sie sich unter den Schutz der Fürsten und Landesherren stellte. Diese nahm er als »Notbischöfe« in Anspruch. Die von → Philipp Melanchthon unternommenen Versuche, sich mit der katholischen Kirche zu verständigen, hielt Luther für aussichtslos. Zwar unterstützte er von der Veste Coburg aus das Auftreten der Reformer mit ihrem »Augsburger Bekenntnis«, dennoch warf er Melanchthon vor, in einigen Punkten zu nachgiebig zu sein.

Mit zunehmendem Alter nahm sein Glaube stark apokalyptische Züge an, er war sicher, in der Endzeit zu leben, in der es galt, die Feinde des wahren Christentums mit aller Kraft zu bekämpfen und zu vernichten. Zu den Feinden zählte er neben dem Papsttum die Juden, die Türken und die revolutionären Schwarmgeister. Seine antijüdischen Ausfälle widersprechen seinen früheren Überzeugungen, dass »Ketzer verbrennen wider den Heiligen Geist sei« (1519).
Am 18. Februar 1546 starb Luther an einem Herzleiden während eines Aufenthaltes in seinem Geburtsort Eisleben.

Familiäres: Verheiratet mit Katharina von Bora (1525), mit ihr drei Töchter und drei Söhne: Johannes (1526), Elisabeth (1528, starb mit einem Jahr), Magdalena (1529, wurde nur dreizehn Jahre alt), Martin (1531), Paul (1533), Margarete (1534)
Orte: Eisleben, Erfurt, Wittenberg, Rom, Worms, Wartburg, Coburg, Augsburg, Marburg
Zitat: »Leben, Sterben und Verdammnis machen einen Theologen, nicht Verstehen, Lesen, Grübeln.«
Wichtige Werke: *An den christlichen Adel deutscher Nation* (1520), *Von der babylonischen Gefangenschaft der Kirche* (1520), *Von der Freiheit eines Christenmenschen* (1520)
Zitat über ihn: »Ruhm dem Luther! Ewiger Ruhm dem teuren Manne, dem wir die Rettung unserer edelsten Güter verdanken, und von dessen Wohltaten wir noch heute leben! [...] Die Feinheit des Erasmus und die Milde des Melanchthon hätten uns nimmer so weit gebracht wie manchmal die göttliche Brutalität des Bruder Martin.« Heinrich Heine
Zum Weiterlesen: Joachim Köhler: Luther! Biografie eines Befreiten, Leipzig 2016
Auch das noch: Das Pop-Oratorium »Luther« von Michael Kunze und Dieter Falk wird 2017 in vielen Städten Deutschlands aufgeführt, auch vor der Wittenberger Schlosskirche.
Außerdem in der Schlosskirche: Gemälde Cranachs d. J., Grabplatte (Abguss), Grab; außen: im Bogenfeld der Thesentür

Ph. MELANCHTHON

Philipp Melanchthon

Philipp Schwarzerdt

***16. Februar 1497 in Bretten**
† 19. April 1560 in Wittenberg

Bildungsbeflissener Reformator und Mitstreiter Luthers

Nach dem Tod seines Vaters im Jahr 1508 förderte Philipps Mutter dessen Sprachtalent und schickte ihn auf eine Schule nach Pforzheim. Der Humanist Johannes Reuchlin wurde auf den Jungen aufmerksam und unterstützte ihn. Im Studium in Heidelberg und Tübingen lebte Philipp seinen Bildungsdrang aus, unterrichtete sogar selbst: »Es kann kein Zweifel bestehen, dass der Lebensform des Lehrens und Lernens das größte Wohlgefallen Gottes gilt.« Höchste Humanistenehre erfuhr er 1509, als Reuchlin Philipps Nachnamen ins Griechische übertrug: Aus Schwarzerdt wurde Melanchthon. Der Student fühlte sich unterfordert; als Mentor Reuchlin von einer freien Professorenstelle im Fach Griechisch in Wittenberg erfuhr, schlug er Melanchthon vor.

Die Universität willigte ein, im Sommer 1518 machte sich Melanchthon auf den Weg ins ferne Sachsen. Angekommen, schloss er sofort Bekanntschaft mit → Martin Luther; eine beiderseits befruchtende Zusammenarbeit und Freundschaft entstand. Melanchthon half Luther etwa in Übersetzungsfragen; Luther brachte dem neuen Kollegen die Theologie und die Bibel nahe. Melanchthon nahm Anteil am Schicksal Luthers und unterstützte ihn und die Sache der Reformation.

Seine Leidenschaft gehörte jedoch dem Bildungsthema. »Die Sitten der Völker würden notwendigerweise in Barbarei ausarten, wenn sie nicht durch die Wissenschaften und Frömmigkeit angetrieben und angeleitet werden«, war er überzeugt. So entwickelte er Lehrpläne, bildete Lehrer aus und visitierte Schulen in der ganzen Region. Nürnberg versuchte, ihn zum Schulleiter einer neuen Schule ganz nach seinen Vorstellungen zu machen – er lehnte ab, beriet aber die Stadtherren und empfahl Lehrer. Seine theologischen Erkenntnisse veröffentlichte er unter dem Titel »Loci Communes«.

Mit seiner Frau Katharina, die er 1520 heiratete, bekam er mehrere Kinder; zur Hausgemeinschaft gehörten aber stets auch viele Studenten. Seine theologische Sternstunde stand im Sommer 1530 bevor: Auf dem Augsburger Reichstag sollte er die Theologie der Evangelischen vorstellen. Melanchthon hoffte, dass es nicht zu einer Kirchenspaltung käme; sein als »Augsburger Bekenntnis« (»Confessio Augustana«) in die Geschichte eingegangener Text formuliert der altgläubigen Kirche gegenüber so vorsichtig, dass Melanchthon sich den Vorwurf der Leisetreterei einhandelte. Sachlich und ohne Polemik versuchte er nachzuweisen, dass die Reformation in Lehre und Ordnung mit der Heiligen Schrift und mit der katholischen Kirche übereinstimme. Unzählige Hintergrundgespräche führte Melanchthon, mit Altgläubigen ebenso wie mit Reformatoren aus anderen Regionen. Die Hoffnung auf eine Einigung schwand. »Ich werde von größten Sorgen verzehrt«, bekannte Melanchthon. Am 25. Juni 1530 wurde die Augsburgische Konfession (»Confessio Augustana«) dem Kaiser übergeben. Obwohl sie sehr diplomatisch den evangelischen Glauben zusammenfasst – zu einer Einigung mit den Altgläubigen reichte es nicht. Melanchthon, dem am Frieden und an der Einheit der Kirche lag, war niedergeschlagen. Dennoch gab er die Hoffnung nicht auf und nahm an Religionsgesprächen in Worms und Regensburg teil.

Der Tod seines Wegbegleiters Luther 1546 kostete ihn Kraft; die danach entstehenden Streitigkeiten um Luthers Erbe zermürbten ihn so sehr, dass er sich den Tod herbeiwünschte: »Ich hoffe, bald in die himmlische Kirche einzugehen, weit weg von den wilden Stürmen, die die Kirche hier unten so grauenhaft erschüttern.« Weit über die Grenzen Deutschlands hinaus hoch angesehen starb er 1560 im Kreis seiner Kinder.

Orte: Bretten, Pforzheim, Heidelberg, Tübingen, Wittenberg, Nürnberg

Zitat: »Du entkommst den Sünden. Du wirst von Trübsal befreit und von der Wut der Theologen. Du wirst zum Licht gelangen. Du wirst Gott sehen. Du wirst den Sohn Gottes schauen. Du wirst die wundersamen Geheimnisse erfahren, die du in diesem Leben nicht begreifen konntest: nämlich, warum wir geschaffen wurden und wie die beiden Naturen in Christus miteinander verbunden sind.« So beantwortete Melanchthon sich kurz vor seinem Tod die selbstgestellte Frage »Warum man den Tod nicht fürchten sollte.«

Zitat über ihn: »Einer der Könige der Bildung. Ein Mann, sehr besonnen, bar jeder Streitsucht, ein Mann von höchster Gelehrsamkeit und Toleranz, wie es in unseren verderbten Zeiten keinen zweiten gibt.« *John Donne*

Zum Weiterlesen: Uwe Birnstein: *Der Lehrer. Was Philipp Melanchthon Europa lehrte*. Berlin 2010

Auch das noch: Johann Gottfried Herder schwärmte:
»Süßer Melanchthon, Du vor Allen,
Du, der glühenden Sonne sanfter Folger, /
In still wachsendem Glanz; /
so strahlet Luna / Unter den Sternen.«

Außerdem in Schlosskirche: Gemälde Cranachs d. J., Grab; außen: im Bogenfeld der Thesentür

Johannes Bugenhagen

* 24. Juni 1485 in Wollin (Wolin)
† 20. April 1558 in Wittenberg

Bedeutender Reformator, Beichtvater Luthers

Der Sohn eines kleinstädtischen Ratsherrn schrieb sich im Jahr 1502 an der Universität Greifswald für humanistische Studien ein. Ohne einen akademischen Abschluss erreicht zu haben, wurde er 1504 mit 19 Jahren zum Rektor der Lateinschule in Treptow an der Rega berufen. Es gelang ihm in kurzer Zeit, die Schule zu einem Mittelpunkt humanistischer Bildung zu machen. Vermutlich war dies der Grund dafür, dass der Camminer Bischof ihn 1509 zum Priester weihte, obwohl er nicht Theologie studiert hatte. Bugenhagen wurde als Vikar in das Kollegium der Kanoniker der Treptower Marienkirche aufgenommen.

Sechs Jahre später beauftragte ihn der Herzog Bogislaw X. damit, eine Geschichte Pommerns zu verfassen. Gleichzeitig wurde er zum Lektor der Bibel und der Kirchenväter an die Klosterschule Belbuck berufen. In den Jahren davor hatte er sich intensiv mit den Schriften des Erasmus von Rotterdam befasst, darüber hinaus sich autodidaktisch mit der Bibel und in der Theologie weitergebildet. Während seiner Lektorentätigkeit begann er → Martin Luthers Schriften zu lesen und war von dessen Predigten über die Zehn Gebote und über das Vaterunser fasziniert. Als er 1520 die Schrift »Von der babylonischen Gefangenschaft der Kirche« in die Hände bekam, war er zunächst allerdings entsetzt über deren ketzerische Aussagen. Schließlich überzeugten ihn Luthers Ideen aber doch.

Im Frühjahr 1521 zog er nach Wittenberg, um Luther kennen zu lernen und die neue Theologie zu studieren. → Philipp Melanchthon nahm ihn bei sich auf. Schon ein halbes Jahr nach seiner Ankunft hielt Bugenhagen Vorlesungen über die

JOH. BUGENHAGEN

Psalmen, ein Jahr später brach er offen mit dem Zölibat und heiratete.

Am 25. Oktober 1523 wurde er zum neuen Pfarrer an der Stadtkirche gewählt. Diesem Amt blieb er trotz vieler Reisen und zahlreicher Berufungen in andere Städte – unter anderem in Bischofsämter – bis zum Lebensende treu. Er wurde zum engen Vertrauten Luthers, half ihm bei der Bibelübersetzung und wurde schließlich sogar zu dessen Beichtvater. Auch traute er Luther und Katharina von Bora und taufte deren Kinder.

Die Stärke Bugenhagens lag zweifellos auf dem Gebiet der Bibelauslegung. Er war aber auch ausgesprochen geschickt in organisatorischen Fragen. Davon sollten zahlreiche Gemeinden in norddeutschen Städten, aber auch in Dänemark profitieren.

Im Frühjahr 1528 reiste er nach Braunschweig, wo bereits 13 reformatorische Prediger tätig waren. Eine Gemeindeordnung steckte noch in den Kinderschuhen, Bugenhagen organisierte die neue Kirche von Grund auf. Prediger sollten in einem Bibellektorium ausgebildet werden, er regelte die Armenfürsorge, legte Regeln für die Taufe und die deutsche Messe fest und führte Katechismuspredigten ein. Die Aufsicht über die Geistlichen übertrug er einem »Superattendenten«. Braunschweig wollte ihn als Superintendenten haben, doch im Oktober brach Bugenhagen nach Hamburg auf.

Dort angekommen widmete sich Bugenhagen der Ausarbeitung einer neuen Kirchenordnung. Gegen den heftigen Widerstand eines Klosters und der Altgläubigen setzte Bugenhagen sich durch, im Mai 1529 wurde die neue Kirchenordnung förmlich angenommen und von allen Kanzeln verkündet. Die erste öffentliche Lateinschule der Stadt, das Johanneum, geht ebenfalls auf Bugenhagen zurück.

Von Hamburg aus gab er brieflich Ratschläge zur Organisation der reformierten Kirche in Ostfriesland. Sein nächstes Reiseziel war Lübeck, wohin ihn der Rat der Stadt gebeten hatte. Eineinhalb Jahre musste Bugenhagen in Lübeck bleiben, bis die Reformation dort Gestalt gewonnen hatte. Auch diese Stadt verließ er nicht, ohne eine Lateinschule (das Katharineum) eingerichtet zu haben. Nebenher führte er einen umfangreichen Briefwechsel, so beriet er die Stadt Rostock bei der Neuordnung des kirchlichen Lebens. Auch seine Heimat Pommern verdankt ihm ihre endgültige Kirchenordnung (1535).

Als Christian II. in Dänemark die Reformation einführte, bat er den sächsischen Kurfürsten, Bugenhagen und Melanchthon zur Ordnung der neuen Kirche zu entsenden. 1537 kam Bugenhagen in Kopenhagen an. Gemeinsam mit dänischen Geistlichen erarbeitete er eine neue Kirchenordnung. Noch bevor sie angenommen wurde, krönte Bugenhagen in der Kopenhagener Frauenkirche Christian II. und seine Frau und schuf damit eine neue Tradition: Der König wurde zum Oberhaupt der dänischen Staatskirche.

Kaum nach Wittenberg zurückgekehrt, überschütteten zahlreiche Städte ihn mit Bitten, ihre Kirche neu zu ordnen. Holstein, Braunschweig-Wolfenbüttel, Hildesheim, sogar die Reformatoren in Siebenbürgen baten ihn um Hilfe.

Der Tod Luthers im Jahr 1546 erschütterte ihn tief; er hielt eine bewegende Trauerrede. Der »gottgesandte Reformator«, wie Bugenhagen seinen Freund und sein Beichtkind nannte, lastete ihm und Melanchthon nun die Verantwortung für den Fortgang der Reformation auf. Seine letzten Lebensjahre, bedrängt von der wechselhaften Geschichte der protestantischen Fürsten in der Auseinandersetzung mit Kaiser Karl V., waren von einer sich immer stärker nach innen wendenden Haltung geprägt. Als er 72 Jahre alt wurde, legte er das Predigeramt in Wittenberg nieder, seine Kräfte verfielen rasch, er erkrankte und starb am 20. April 1558. Bugenhagen gehört zu den einflussreichsten Köpfen der Reformation.

Familiäres: Bugenhagen heiratete am 13. Oktober 1522 Walburga Rörer, die Schwester Georg Rörers, der später viele Predigten Luthers handschriftlich aufgezeichnet hat.

Orte: Wollin (Wolin), Treptow, Wittenberg, Braunschweig, Hamburg, Lübeck, Stettin (Szczecin), Kopenhagen

Zitat: »Ach, dass nicht so viel guter Prediger sind, als man wohl meinet, und als sich Viele dafür halten.«

Wichtiges Werk: Historia des lydendes unde upstandige unses Heren Jesu Christi uth den veer Euangelisten. Niederdeutsche Passionsharmonie von Johannes Bugenhagen, hrsg. von Norbert Buske, Ausgabe von 1586. Berlin und Altenburg 1985.

Zitat über ihn: »Er gehörte zu den bedeutendsten Männern der lutherischen Reformation, die ohne ihn nicht ihre weite Verbreitung gefunden hätte.« *Wolfgang Huber*

Zum Weiterlesen: Irmfried Garbe, Heinrich Kröger (Hg.): Johannes Bugenhagen (1485 –1558). *Der Bischof der Reformation.* Leipzig 2010

Auch das noch: Ihm wurde der Beiname »Doktor Pomeranus« gegeben, er weist auf seine Heimat Pommern hin. Der Croy-Teppich der Ernst-Moritz-Arndt-Universität Greifswald, das wohl bedeutendste Zeugnis der Reformation in Norddeutschland, zeigt Bugenhagen im Kreis der pommerschen Herzöge.

Georg Spalatin

*** 17. Januar 1484 in Spalt**
† 16. Januar 1545 in Altenburg

Humanist, Theologe, kurfürstlicher Hofprediger und Berater

Georg Burkhardt Spalatin war der uneheliche Sohn eines Rotgerbers aus Spalt. Dort besuchte er die Stiftsschule. 1497 wechselte er an die Sebaldusschule in Nürnberg. Ein Jahr später begann er ein Philosophiestudium in Erfurt, ging dann aber 1502 an die neu gegründete Universität Wittenberg, um Griechisch und Geschichte zu studieren. 1503 erwarb er den Magistergrad und kehrte an die Universität Erfurt zurück, um außerdem noch Jura und Theologie zu belegen. Spalatin gehörte einem Humanistenkreis an. Nach seiner Priesterweihe 1508 wurde er Lehrer des späteren Kurfürsten Johann Friedrich. Im Auftrag → Friedrichs des Weisen war er seit 1512 zudem Archivar der Universitätsbibliothek in Wittenberg und wurde 1514 Geheimsekretär des Kurfürsten und Hofkaplan. Er begleitete Friedrich den Weisen zu den Reichstagen und vermittelte auch den Kontakt des Kurfürsten zu → Martin Luther, mit dem Spalatin seit 1514 befreundet war. Gemeinsam mit Luther bemühte sich Spalatin um die Universitätsreform in Wittenberg und vermittelte zwischen ihm und Erasmus von Rotterdam.

Auch → Johann der Beständige schätzte Spalatin und ernannte ihn 1525 zum Pfarrer und 1528 zum Superintendenten von Altenburg, von wo aus er sich um die Neuordnung des Kirchenwesens in Sachsen kümmerte.

Neben Übersetzungen der Werke Luthers und → Philipp Melanchthons und seinen eigenen reformatorischen Schriften verfasste Spalatin vor allem historische Werke. Darunter eine »Chronik der Sachsen und Thüringer«, außerdem Fürstenbiografien und die erste Biografie des Arminius. Georg Spalatin starb 1545 in Altenburg und wurde in der Bartholomäuskirche beigesetzt.

GEORG SPALATIN

Familiäres: Georg Spalatin heiratete 1525 Katharina Heidenreich, die Tochter eines Choralisten am St. Georgenstift in Altenburg. Das Paar bekam zwei Töchter.

Orte: Erfurt, Wittenberg, Altenburg

Zitat: »Wenn ich nicht gewesen wäre, nimmer wäre es mit Luthero und seiner Lehr so weit kommen.«

Wichtiges Werk: *Friedrichs des Weisen Leben und Zeitgeschichte*, 1851

Zum Weiterlesen: Martin Burkert, Karl-Heinz Röhlin: Georg Spalatin. Luthers Freund und Schutz, Leipzig 2015

Tafel am Haus Schlossstr. 14/15 (Jugendherberge)

Urbanus Rhegius

Urban Rieger

*** Mai 1489 in Langenargen**
† 27. Mai 1541 in Celle

Reformator in Nord- und Süddeutschland

Als Domprediger in Augsburg stellte er sich zunächst gegen die reformatorischen Bestrebungen →Martin Luthers. Da Rhegius den Ablasshandel und die Kirche kritisierte, geriet er bald selbst in Streit mit den Autoritäten. Als er Luther 1521 verteidigte, musste er seine Stelle aufgeben. Er ging als Kaplan ins Tirolerische Hall, kehrte aber 1524 nach Augsburg zurück, wo er als Pfarrer in evangelischem Sinne zu wirken begann. Er bemühte sich um Ausgleich zwischen den reformatorischen Richtungen, aber auch mit der römischen Kirche.

1531 wurde er Superintendent in Celle und trieb auch in Lüneburg und Hannover die Reformation voran. Er nahm an den Religionsgesprächen in Hagenau teil, setzte sich 1540 für die Juden in Braunschweig ein, äußerte sich kritisch gegenüber dem Täufertum und verfasste neben seinen theologischen auch erbauliche Schriften.

Familiäres: 1525 heiratete Urbanus Rhegius in Augsburg Anna Weißbrugger. Das Paar bekam acht Töchter und vier Söhne.
Zitat: »Luther bringt keinen neuen Glauben, aber er lehrt dich, den alten richtig zu verstehen.«
Orte: Konstanz, Augsburg, Hall, Celle, Lüneburg, Hannover
Wichtiges Werk: *Ob das Neue Testament jetzt recht verdeutscht sei*, 1524
Zitat über ihn: Er hat »das reine Wort Gottes herzlich lieb gehabt und mit allem Fleiß und Treuen gehandelt«. *Martin Luther*
Zum Weiterlesen: Dietmar Lamprecht: *Urbanus Rhegius, Der vergessene Reformator der Lüneburger Heide*. Hermannsburg 1980

URBANUS RHEGIUS

Nikolaus von Amsdorf

* 3. Dezember 1483 in Torgau
† 14. Mai 1565 in Eisenach

Erster lutherischer Bischof Deutschlands

Nikolaus von Amsdorf wurde 1483 als Sohn des Amtmanns Georg von Amsdorf und seiner Frau Katharina, der Schwester des →Johann von Staupitz, geboren. Ab 1497 besuchte Nikolaus die Leipziger Thomasschule und begann drei Jahre später ein Studium an der Universität der Stadt. 1502 wechselte er als einer der ersten Studenten an die Universität Wittenberg, wo er schnell zum Dekan der philosophischen Fakultät wurde und Philosophie und Theologie lehrte. 1508 wurde er zudem Domherr am dortigen Allerheiligenstift.

Obwohl er sich schon in den Jahren zuvor intensiv mit →Martin Luthers Römerbriefvorlesung beschäftigt hatte, lernte Amsdorf Luther erst um 1517 näher kennen und schloss sich der Gruppe seiner Anhänger an, unter denen sich →Philipp Melanchthon und Andreas Karlstadt befanden. Gemeinsam mit ihnen begann er, reformatorisch zu wirken. In diesen Jahren strebte er zudem Reformen der Universität an und setzte sich für die Abschaffung der Reliquiendienste ein. Luther widmete seinem Freund Amsdorf die Schrift »An den christlichen Adel deutscher Nation«. Zusammen mit Luther reiste Amsdorf 1519 zur Leipziger Disputation mit Johannes Eck. Auch begleitete er Luther 1521 zum Reichstag nach Worms und erlebte auf der Rückfahrt Luthers »Entführung« auf die Wartburg mit.

Gemeinsam mit Melanchthon wirkte er während Luthers Abwesenheit als Mittelsmann und hielt die von Luther erarbeitete Vorlesung über den Hebräerbrief. Als die sogenannten Zwickauer Propheten begannen, in Wittenberg Messfeier und Bilderverehrung abzuschaffen, ließ Amsdorf sie gewähren. Erst nachdem Luther 1521 nach Wittenberg zurückgekehrt war, konnte er seinen Freund überzeugen, sich von dieser radikalen Richtung der Reformation und auch von Karlstadt zu distanzieren.

NIC. v. AMSDORF

Amsdorf unterstützte Luther bei der Übersetzung der Bibel, bevor er 1524 als Pfarrer und Superintendent nach Magdeburg ging. Dort schuf er eine an Wittenberg angelehnte neue Gottesdienstordnung und gründete eine Lateinschule. Außerdem war er seit 1528 an der Einführung der Reformation in Goslar und 1534 in Einbeck beteiligt; 1539 unterstützte er Herzog Heinrich von Sachsen bei der Durchsetzung der Reformation vor allem in Meißen.

Kurfürst →Johann Friedrich I. ernannte Amsdorf zum Nachfolger des verstorbenen Bischofs von Naumburg-Zeitz. Von Luther wurde er am 20. Januar 1542 zum ersten evangelischen Bischof ordiniert. Als Naumburg im Verlauf des Schmalkaldischen Krieges eingenommen wurde, musste Amsdorf fliehen. Er ging für zwei Jahre nach Weimar, um die Söhne des Kurfürsten Johann Friedrichs I. zu unterrichten, musste aber als Gegner des Augsburger Interims bald nach Magdeburg fliehen. 1552 wurde er Generalsuperintendent in Eisenach, gab unter anderem Schriften Luthers heraus und führte Kirchenvisitationen durch.

In den letzten Lebensjahren kämpfte er für ein unverfälschtes Verständnis der lutherischen Lehre. Das entfernte ihn letztlich sogar von Melanchthon. Amsdorf setzte sich für die Gründung der Universität Jena ein, die anders als das von den Philippisten geprägte Wittenberg streng lutherisch ausgerichtet war.

Am 14. Mai 1556 starb Nikolaus von Amsdorf in Eisenach und wurde vor dem Altar in der Georgenkirche beigesetzt.

Orte: Wittenberg, Magdeburg, Goslar, Einbeck, Naumburg, Eisenach

Wichtiges Werk: Ausgewählte Schriften, hrsg. v. Otto Lerche, 1938

Zitat: »Darum ist das gewiss wahr, wer Gott und seinen Nächsten lieben soll, der muss vorher durch den Glauben aus Gottes Gnade fromm und gerecht sein.«

Zum Weiterlesen: Irene Dingel: *Nikolaus von Amsdorf (1483–1565). Zwischen Reformation und Politik*. Leipzig 2008

Tafel im Hof der Leucorea.

Justus Jonas

Jobst Koch

*** 1493 in Nordhausen**
† 1555 in Eisfeld

Jurist und lutherischer Theologe

Sein Vater war als Bürgermeister in Nordhausen wohlhabend und einflussreich. Justus Jonas studierte in Erfurt und Wittenberg Jura. Hier kam er mit humanistischen Kreisen in Berührung. 1516 wurde er zum Priester geweiht und hielt an der Universität Erfurt Vorlesungen über Kirchenrecht. Zwei Jahre später wurde er Doktor der Rechte, 1519 übernahm er eine Professur an der juristischen Fakultät.

1521 kam Jonas als Propst an der Schlosskirche nach Wittenberg. Inzwischen von den Rechtswissenschaften weniger fasziniert als von der Theologie, promovierte er nun auch in diesem Fach und wurde Theologieprofessor. In den folgenden Jahren entwickelte sich ein enges Verhältnis zu → Martin Luther. Jonas übersetzte zahlreiche Texte des Reformators aus dem Lateinischen ins Deutsche und gehörte bei den Reichstagen in Worms und Augsburg sowie bei den Religionsgesprächen in Marburg zu Luthers Begleitern. Auch unterstützte er ihn bei seiner Bibelübersetzung und arbeitete an der »Confessio Augustana« mit.

Justus Jonas setzte sich an vielen Orten für die Reformation ein und wirkte kirchenpolitisch an ihrer Durchsetzung mit, so in Leipzig, Halle, Naumburg, Hildesheim, Coburg, Regensburg und Eisfeld. Für Zerbst entwickelte er eine Kirchenordnung, die später für die ganze evangelische Kirche in Anhalt prägend wurde. 1541 wurde er von Kurfürst → Johann Friedrich von Sachsen nach Halle entsandt, um dort die lutherische Lehre durchzusetzen. Kurze Zeit war er Hofprediger in Coburg, dann wurde er Superintendent in Eisfeld, wo er mit 62 Jahren starb.

JUSTUS JONAS

Familiäres: Früh setzte sich Justus Jonas für die Priesterehe ein und heiratete selbst. Seine erste Frau Katharina starb bei der Geburt des 13. Kindes. Die zweite verlor er nach nur sechs Jahren Ehe. Seine dritte Frau pflegte ihn schließlich bis zu seinem Tod.

Orte: Erfurt und Wittenberg

Zitat: »Mag immerhin die Theologie, weil sie auf irdischen Erwerb nicht Jagd macht und jenen Wind und Rauch weltlichen Ruhmes nicht hat, vor den Menschen verachtet sein, aber welch ein unermesslicher Schatz ist sie in den Augen Gottes!«

Auch das noch: Justus Jonas war auch ein Dichter von Kirchenlieder. Sechs sind heute noch bekannt, eines davon ist im Evangelischen Gesangbuch zu finden: »Wo Gott der Herr nicht bei uns hält« (EG 297)

Tafel an der Kanzlei gegenüber der Schlosskirche

Johannes Brenz

*** 24. Juni 1499 in Weil der Stadt**
† 11. September 1570 in Stuttgart

Reformator Süddeutschlands

Johannes Brenz wurde in Weil der Stadt als Sohn des Schultheißen Martin Hess und seiner Frau Catharina geboren. Ab 1514 studierte er in Heidelberg unter anderem bei Johannes Oekolampad. 1518 erlebte er → Martin Luther bei der Disputation in Heidelberg und war fasziniert. Er freundete sich mit Luther an und trat von nun an auch selbst für die reformatorischen Ideen ein.

1522 ging Brenz als Prediger nach Schwäbisch Hall an die Hauptkirche St. Michael und begann dort die Reformation voranzutreiben, indem er zum Beispiel gegen die Heiligenverehrung predigte oder die Messe abschaffte und zu Weihnachten 1526 zum ersten Mal das Abendmahl in beiderlei Gestalt austeilte.

Zwar sprach er sich im Bauernkrieg strikt gegen die Aufständischen aus, betonte aber – anders als Luther, der rigides Einschreiten verlangte –, dass die Obrigkeit nicht gerade unschuldig am Aufstand war, und forderte daher einen milden Umgang mit den Bauern. Im Abendmahlsstreit stellte Brenz sich auf Luthers Seite, nahm 1529 zusammen mit ihm am Marburger Religionsgespräch teil und setzte die Vorstellung der realen Gegenwart des Leibes und Blutes im Abendmahl in seiner Gegend gegen Oekolampad durch.

Mit seiner Kirchenordnung von 1526 setzte er die Reformation in Schwäbisch Hall vollständig um. Neben Veränderungen bei den Sakramenten, der Predigt oder im Gottesdienstablauf reformierte Brenz auch das Schulwesen. So forderte er unter anderem, dass auch Mädchen die Schule besuchten, damit die Bibel Frauen wie Männern gleichermaßen zugänglich werde. Für den Religionsunterricht verfasste Brenz 1527 den ältesten protestantischen Katechismus. Es folgten weitere, die großen Zuspruch und große Verbreitung fanden.

JOHANN BRENZ

Da er Hinrichtungen aus religiösen Gründen nicht gutließ, sprach er sich 1528 gegen die Tötung radikaler Wiedertäufer aus. Die Verdammung der Täufer im von ihm mitverfassten Augsburger Bekenntnis von 1530 trug er dennoch mit. Auch beim Thema Hexenverfolgung mahnte er zu Vorsicht und riet von Folter ab, damit keine Unschuldigen verurteilt würden. Bei nachgewiesener Schuld allerdings hielt auch er Bestrafungen für berechtigt.

Ab 1534 zog Herzog Ulrich von Württemberg, den Brenz schon 1529 beim Marburger Religionsgespräch kennengelernt hatte, ihn bei der Einführung der Reformation auf seinem Territorium zu Rate. Außerdem strukturierte Brenz für Herzog Ulrich die Universität Tübingen um.

Nachdem er sich 1546 während des Schmalkaldischen Krieges gegen Kaiser Karl den V. ausgesprochen hatte und auch am Augsburger Interim von 1548 deutliche Kritik übte, musste Brenz schließlich ohne seine Familie aus Schwäbisch Hall fliehen. In den folgenden Jahren fand er im Schutz Herzog Ulrichs zeitweise unter dem Namen Huldreich Engster Unterschlupf auf Burg Hohenwittlingen und Burg Hornberg.

In Basel traf er auf Christoph, den Sohn Herzog Ulrichs, der ihn nach dem Tod seines Vaters zu einem seiner wichtigsten theologischen Berater machte. Anfang 1553 wurde Brenz Probst an der Stiftskirche in Stuttgart, von wo aus er die evangelische Kirche in Württemberg zu strukturieren begann. Seine »Große württembergische Kirchenordnung« von 1559 wurde zum Vorbild für andere Landeskirchen. Neben all diesen Tätigkeiten veröffentliche Brenz zudem unzählige Schriften, vor allem Predigten und Kommentare.

Am 11. September 1570 starb Johannes Brenz in Stuttgart. Unter der Kanzel in der Stiftskirche wurde er beigesetzt. 70 Jahre nach seinem Tod wurde sein Grab von Anhängern der Gegenreformation geöffnet, um den Stuttgarter Jesuitenpater Eusebius Reeb im gleichen Grab zu beerdigen.

Familiäres: 1530 heiratete Brenz seine erste Frau Margarethe Gräter, mit der er einen Sohn und fünf Töchter bekam. Nach Margarethes Tod heiratete er Katharina Isemann. Zu seinen Nachfahren zählen viele bekannte Persönlichkeiten, neben anderen Dietrich Bonhoeffer, Hermann Hesse, Patrick Süskind und Richard von Weizsäcker.

Orte: Schwäbisch Hall, Stuttgart, Tübingen, Marburg

Zitat: »Wenn Christus seine Jünger ausschickt, sagt er nicht: ›Gehet hin, schert euer Haar, tragt lange Röcke, habt keine Ehefrau‹, sondern ›Gehet hin, taufet und predigt das Evangelium vom Reich‹.«

Wichtiges Werk: *Fragstück des christlichen Glaubens für die Jugend zu Schwäbisch-Hall*, 1527/28

Zum Weiterlesen: Isabella Fehle (Hg.): *Johannes Brenz 1499-1570. Prediger – Reformator – Politiker*. Schwäbisch Hall 1999

Caspar Cruciger d. Ä.

*** 1. Januar 1504 in Leipzig**
† 16. November 1548 in Wittenberg

Theologe und Schulrektor

Caspar Cruciger wurde 1504 in Leipzig als Sohn des wohlhabenden Kaufmanns Georg Kreuzinger geboren, der aus Böhmen stammte und der hussitischen Bewegung angehörte. Cruciger besuchte die Thomasschule und schrieb sich 1513 an der Universität Leipzig ein. 1519 erlebte er die Leipziger Disputation zwischen → Martin Luther und Johannes Eck mit. Als 1521 die Pest ausbrach, zog er mit seinen Eltern nach Wittenberg und studierte dort bei Luther und → Philipp Melanchthon. Neben der Theologie interessierte er sich auch für die Naturwissenschaften. Er beschäftigte sich mit Mathematik und Astronomie und legte 1524 einen botanischen Garten an. 1525 wurde er Prediger und Rektor der Magdeburger Johannisschule, drei Jahre später kehrte er als Theologieprofessor nach Wittenberg zurück, wo er zudem an der Schlosskirche predigte. Er unterstützte Luther bei der Übersetzung der Bibel und nahm 1529 am Marburger Religionsgespräch teil. 1533 promovierte er zum Doktor der Theologie. Mehrfach war er Dekan an der Wittenberger Universität.

1539 trieb er gemeinsam mit Friedrich Myconius die Reformation in Leipzig voran. Bei den Religionsgesprächen in Hagenau, Worms und Regensburg wirkte er als Sekretär. Cruciger verschriftlichte viele Predigten Luthers und gab zusammen mit Georg Rörer die ersten Bände der Wittenberger Lutherausgabe heraus. Während des Schmalkaldischen Krieges bemühte er sich zusammen mit Melanchthon und Paul Eber um das Fortbestehen der Wittenberger Universität. Am 16.11.1548 starb Caspar Cruciger in Wittenberg, zwei Tage später wurde er in der Stadtkirche beigesetzt.

CASPAR CRUCIGER

Familiäres: Caspar Cruciger war zweimal verheiratet. 1524 ehelichte er die frühere Nonne Elisabeth von Meseritz. Das Paar bekam eine Tochter, die später Luthers Sohn Johannes heiratete, und den Sohn Caspar Cruciger d. J. 1536 heiratete Cruciger seine zweite Frau Apollonia, die Tochter des Leipziger Ratsherrn Kunz Günterode. Mit ihr bekam er eine Tochter.

Orte: Magdeburg, Wittenberg

Auch das noch: Lucas Cranach d. J. fertigte 1558 ein Porträt Caspar Crucigers an.

BRONZEMEDAILLONS

II

Ulrich (Huldrych) Zwingli

* 1. Januar 1484 in Wildhaus, Toggenburg (Schweiz)
† 11. Oktober 1531 in Kappel am Albis (Schweiz)

Zürcher Reformator, »Kirchenvater« der reformierten Kirchen

Am 1. Januar 1484 in Wildhaus im Toggenburg (heute Kanton St. Gallen) geboren, erhielt der Sohn einer wohlhabenden Bauernfamilie eine gute Ausbildung. 1506 ließ er sich zum Priester weihen und trat seine erste Pfarrstelle in Glarus an. Doch die Zeiten waren unruhig. Zwingli begleitete seine Pfarrkinder auf Feldzügen nach Italien, wo sie als Söldner in fremden Heeren dienten. Die traumatischen Kriegserfahrungen veränderten Zwinglis Denken. Er wandte sich dem Pazifismus zu und ging auch theologisch neue Wege. Er stellte die Predigt in den Mittelpunkt seiner Gottesdienste und entwickelte einen kritischen Blick auf die Kirche seiner Zeit.

1518 wurde man in Zürich auf ihn aufmerksam und berief ihn ans Großmünsterstift. Anfang 1519 trat er sein Amt mit einem Paukenschlag an: In der kommenden Zeit, so erklärte er, werde er nicht nach der vorgeschriebenen Ordnung predigen, sondern ein Evangelium fortlaufend besprechen. Es ging ihm um eine Verankerung des Glaubens in einer genauen, zusammenhängenden Kenntnis der Bibel. Die Gemeinde als der Ort, an dem sich Glauben vollzieht, wurde zum Kern seiner Lehre.

In den folgenden zwölf Jahren arbeitete Zwingli fieberhaft weiter. Er überlebte die Pest, gründete eine Familie und übersetze die Bibel. Zwingli erarbeitete eine fortschrittliche Almosenordnung, führte das reformierte Abendmahl ein, begann mit der Auflösung der Klöster und ließ die Bilder aus den Kirchen entfernen, ohne dass es zu Ausschreitungen kam. Mit einer bewussten Provokation empörte er den Rat der Stadt und die Kirche: Während der Fastenzeit 1522 nahm

er bewusst an einem Wurstessen teil – eine symbolische Demonstration der evangelischen Freiheit. Der Fastenbruch sorgte für große Aufregung und Anfeindungen. Ein Jahr später wurden die kirchlichen Fastengebote aufgehoben. In wenigen Jahren führte Zwingli in Zürich und im Umland die Reformation durch, immer im Vertrauen auf die Kraft des Wortes und die Vernunft der Zuhörer.

1525 war die Reformation in Zürich durchgesetzt, andere Städte folgten. Eine Rückkehr zu den alten Ordnungen der katholischen Kirche schien nicht mehr vorstellbar. Doch tatsächlich saß Zwingli in dieser Zeit zwischen allen Stühlen. Auf der einen Seite wurde ihm von der radikalen Täuferbewegung vorgeworfen, mit seiner Abkehr von der römischen Lehre nicht weit genug zu gehen. Auf der anderen Seite plagte ihn der Streit mit →Martin Luther um das Abendmahlsverständnis. 1529 scheiterte der Versuch, diesen Streit beizulegen. Bis in die zweite Hälfte des 20. Jahrhunderts hinein standen die Lehrverwerfungen der 1520er Jahre einer Kanzel- und Abendmahlsgemeinschaft zwischen Lutheranern und Reformierten im Wege.

Umso gefährlicher war die Bedrohung durch die Teile der Eidgenossenschaft, die sich der Reformation verweigerten. Ein Bürgerkrieg drohte. 1529 konnte noch einmal eine Verhandlungslösung erreicht werden, aber im Oktober 1531 kam es in Kappel am Albis zur Katastrophe. 500 Zürcher, darunter 25 Geistliche, fielen in der Schlacht gegen die katholischen Städte. Auch Zwingli war unter den Toten. Dass sein Werk fortgeführt werden konnte, ist nur der Besonnenheit des Zürcher Rats und der Hartnäckigkeit seiner Weggefährten zu verdanken.

Die Emanzipation von kirchlicher Bevormundung und Dogmenherrschaft wurde von niemandem so radikal gedacht wie von Zwingli. Sein freiheitliches Menschenbild prägt evangelisches Denken heute mehr denn je.

Familiäres: Seit Anfang 1522 war Zwingli mit Anna Reinhart in heimlicher Ehe verbunden, da er noch auf eine Aufhebung des Eheverbots für Priester hoffte. Am 2. April 1524 schlossen die beiden öffentlich die Ehe. Das Paar hatte vier Kinder, von denen drei das Erwachsenenalter erreichten.

Orte: Glarus, Einsiedeln, Zürich

Zitat: »Tut um Gott's willen etwas Tapferes!«

Zitat über ihn: »Er redete ländlich und war kein Freund von frommem Geplapper, kanzleideutscher Verwirrung oder Pracht unnützer Worte.« *Heinrich Bullinger*

Wichtiges Werk: *Vom Erkiesen und Freiheit der Speisen*, Zürich 1522

Zum Weiterlesen: Ulrike Strerath-Bolz: *Ulrich Zwingli – Wie der Schweizer Bauernsohn zum Reformator wurde*, Berlin 2013

Auch das noch: In der Sammlung »Zürcher Novellen« von Gottfried Keller (1877) erschien unter dem Titel »Ursula« eine literarische Verarbeitung von Zwinglis Leben. Die Novelle wurde 1978 in einer Koproduktion von Schweizer Fernsehen und DDR-Fernsehen verfilmt. Der Film löste wegen seiner drastischen Darstellung der Reformation und einiger Sex- und Gewaltszenen einen Skandal aus.

John Wyclif

* vor 1330 in Yorkshire
† 31. Dezember 1384 in Lutterworth (bei Leicester)

Englischer Theologe, Kirchenreformer und Bibelübersetzer. Vordenker der Reformation

Das Wirken von John Wyclif spielte vor dem Hintergrund einer tiefen Krise des Papsttums und der römisch-katholischen Kirche, die 1309 mit der Verlegung des Heiligen Stuhles nach Avignon (»babylonische Gefangenschaft der Kirche«) begonnen hatte und unmittelbar in das Abendländische Schisma, die Kirchenspaltung (1378–1417), mündete. Während Wyclif in Oxford ein Theologiestudium absolvierte, war der Papst de facto ein politisches Werkzeug Frankreichs. 1360 legte Wyclif sein Magisterexamen ab, 1368 wurde er Pfarrer in Ludgershall, 1372 Dozent in Oxford, 1374 ging er als Pfarrer nach Lutterworth im Süden von Leicester. Im Unterschied zu großen Teilen des Klerus vertrat er eine Theologie, die auf eine allein an der Bibel orientierte Kirche zielte.

1374 reiste Wyclif, durch Fürsprache des Herzogs von Lancaster auch als Berater des Königshauses tätig, als Gesandter zu einem Friedenskongress nach Brügge, wo er sich vom Prunk und der Habgier am päpstlichen Hof abgestoßen fühlte. Schon 1366 hatte er die Verweigerung des päpstlichen Lehnzinses mit dem Argument verteidigt, dass dem Klerus urchristliche Armut angemessen sei, der Staat also dessen Eigentum an sich nehmen könne. Aus demselben Grund kritisierte er die neuen Bettelorden der Franziskaner und Dominikaner, die, statt ihrem ursprünglichen Armutsideal zu folgen, in seinen Augen nur noch auf Macht und Reichtum abzielten. Wyclif kritisierte Zölibat und Ohrenbeichte ebenso wie den Reliquien- und Heiligenkult.

1376 proklamierte er die Lehre von der »Macht durch Gnade«, der zufolge Gott selbst alle Autorität direkt verleihe, womit er den Machtanspruch des Papstes bestritt. 1377 wurde Wyclif für seine Thesen von Papst Gregor XI. mit dem Kirchenbann belegt, in England wurden aber keine Maßnahmen gegen ihn eingeleitet. Durch den Ausbruch des Schismas fühlte er sich in seinen Ansichten noch bestärkt; den Papst bezeichnete er von nun an als »Antichrist«. Überdies bestritt er die Lehre von der Transsubstantiation, der Wandlung von Brot und Wein.

Dass Wyclifs Lehren rasch viele Anhänger fanden, hat wesentlich mit dem Vertrauensverlust gegenüber dem Klerus und mit den großen sozialen Krisen der Epoche zu tun. Ab 1380 sandte er Wanderprediger aus, »Lollarden«, die seine religiösen Auffassungen verbreiteten. Nach dem Aufstand der englischen Bauern von 1381, für den seine Gegner seine aufrührerischen Lehren mitverantwortlich machten, fiel er zunehmend in Ungnade und verlor seine Dozentur. 1382 wurden 24 seiner Lehrsätze von der Synode in Oxford verurteilt, wobei zehn für »ketzerisch« und weitere 14 für

»irrig« erklärt wurden. Wyclif musste Oxford verlassen, wurde allerdings aus Angst vor einer Volkserhebung selbst nicht angeklagt. Er zog sich zurück und begann mit der ersten englischen Übersetzung des Neuen Testaments, die er 1383 vollendete.

Wyclif war der bedeutendste Vordenker der Reformation. Die theologischen Anschauungen des tschechischen Reformators → Jan Hus waren wesentlich durch ihn geprägt, auch → Martin Luther berief sich auf ihn. Das Konstanzer Konzil (das Jan Hus zum Tod auf dem Scheiterhaufen verurteilte) erklärte Wyclif 1415 posthum zum Ketzer und ordnete die Verbrennung seiner Gebeine und die Verfolgung der Lollarden an.

Orte: Oxford, Lutterworth, Brügge, London

Zitat: »Es ist den Königen in gewissen, vom Recht begrenzten Fällen erlaubt, den Geistlichen ihre weltlichen Güter wegzunehmen, wenn sie sie gewohnheitsmäßig missbrauchen.«

Wichtiges Werk: Über die weltliche Herrschaft, 1376

Zum Weiterlesen: Manfred Vasold: Frühling im Mittelalter. John Wyclif und sein Jahrhundert. München 1984

Auch das noch: Das Leben des englischen Kirchenkritikers lieferte 1984 den Stoff für einen Spielfilm mit dem Titel »John Wyclif – Ein Leben für die Bibel«.

Petrus Waldes

*** um 1140 in Lyon**
† unbekannt. Vermutlich vor 1218

Gründer der Waldenser und früher Wegbereiter reformatorischer Gedanken

Petrus Waldes (auch Valdes) war ein reicher Kaufmann im französischen Lyon. Sein Vorname ist nicht gesichert und wurde ihm vermutlich erst später zugesprochen. Nach intensiver Beschäftigung mit der Bibel und nach dem – wie die Legende berichtet – plötzlichen und erschreckenden Tod eines Freundes änderte Waldes mit etwa 30 Jahren sein Leben. In der Nachfolge Jesu beschloss er, sein Vermögen wegzugeben. Zu einem Teil finanzierte er damit eine Bibelübersetzung aus dem Lateinischen in die Landessprache. Waldes selbst sprach kein Latein und er wollte, dass alle Menschen vom Evangelium erfuhren. Ein anderer Teil des Besitzes ging an seine Frau und seine Kinder, die er verließ und nicht unversorgt wissen wollte. Den Rest verteilte er unter den Armen.

Waldes zog als Laienprediger umher und sammelte Anhänger um sich, die ebenso wie er vom Prunk und der Verweltlichung der katholischen Kirche enttäuscht waren. Diese Frauen und Männer, die sich bald Waldenser nannten, predigten wie er in der Sprache des Volkes. Waldes lehnte die Marien- und Heiligenverehrung, das Fegefeuer sowie die Fürbitte für die Verstorbenen, die Todesstrafe und die Kindertaufe ab. Er forderte ein hohes ethisches Verhalten wie freiwillige Armut, tätige Nächstenliebe, radikalen Pazifismus, Ehrlichkeit und eine genaue Kenntnis der Bibel. Auch vertrat er die Ansicht, dass jeder Einzelne sich mit seinem Gewissen vor Gott verantworten müsse. Die Waldenser gelten als eine der ältesten vorreformatorischen Laienbewegungen. Sie fanden schnell Anhänger in ganz Europa, von der Ostsee bis nach Spanien.

Der Bischof von Lyon verbot ihnen zu predigen, da dieses Recht dem Klerus vorbehalten war. Doch auf dem dritten Laterankonzil wurde Waldes von Papst Alexander III. unterstützt, der die Waldenser für ihr Leben in Armut lobte und ihnen das Recht zusprach, auch als Laien Bußpredigten zu halten.

Waldes wurde radikaler und übte zunehmend Kritik an der Kirche. Für ihn waren nun bereits jene, die nur wenig besaßen, nicht länger Teil der rechtmäßigen Kirche. Der Klerus war für ihn daher nicht berechtigt, vom Glauben zu predigen. Mit dem Bischof von Lyon kam es zum Konflikt, er exkommunizierte Waldes und seine Anhänger. Papst Lucius III. bekräftigte dies auf der Synode von Verona (1184) und drohte ihnen hohe Strafen an. Um sich vor der Inquisition zu verbergen, zogen sich daraufhin viele Waldenser in die schwer zu erreichenden Täler der Alpen zurück. Gottesdienste wurden nur noch heimlich gefeiert. 1218 spalteten sich die französischen von den lombardischen Waldensern ab, da erstere es grundsätzlich ablehnten, für den Broterwerb zu arbeiten, um sich ganz auf das Predigen konzentrieren zu können. Die lombardischen Waldenser vertraten ein nicht ganz so strenges Armutsideal und entwickelten eine andere Lehre und Ordnung. Der französische Zweig endete im 14. Jahrhundert, nachdem viele zur französischen Kirche zurückgekehrt waren. Über die letzten Lebensjahre von Petrus Waldes ist nichts bekannte. Er soll jedoch bereits vor 1218 gestorben sein.

Ort: Lyon

Zitat: »Weil der Glaube nach dem Apostel Jakobus ohne Werke tot ist, haben wir der Welt abgesagt und haben unseren Besitz, wie es der Herr geraten hat, den Armen gegeben und beschlossen, arm zu sein.« Glaubensbekenntnis, 1180

Zum Weiterlesen: Gabriel Audisio: *Die Waldenser*. München 2000

Auch das noch: Weltweit zählt die Waldenserkirche heute knapp 100.000 Mitglieder, davon leben knapp die Hälfte in Italien. Im Juni 2015 bat Papst Franziskus bei einem Besuch in Turin die Waldenser um Vergebung »für all jene unchristlichen, ja unmenschlichen Handlungen und Einstellungen, die wir in der Geschichte gegen euch gerichtet haben«. Diese Aktion des Papstes wird als starkes ökumenisches Signal gesehen; er begründete seine Anerkennung der Waldenser folgendermaßen: »Einheit als Frucht des Heiligen Geistes bedeutet nicht Uniformität. Geschwister verbindet der gleiche Ursprung, das heißt aber nicht, dass sie gleich sind.«

Martin Bucer

***11. November 1491 in Schlettstadt (Sélestat Elsass)**
† 27. (28.) Februar 1551 in Cambridge

Reformator von Straßburg, führte die Konfirmation ein

Martin Bucer stammte aus einer Handwerkerfamilie, mit fünfzehn Jahren trat er in das Dominikanerkloster seiner Heimatstadt ein und studierte Philosophie. 1517 wurde er in Mainz zum Priester geweiht und begann an der Universität Heidelberg ein Theologiestudium. Als er Martin Luther erlebte, der zu einer Diskussion seiner Thesen nach Heidelberg kam (1518), war er fasziniert von dessen theologischen Entdeckungen, vor allem von seiner Kreuzestheologie. Bucer fasste den Entschluss, dieser Theologie zu folgen, ließ sich 1521 von den Ordensgelübden entbinden und verließ den Dominikanerorden. Friedrich II. von der Pfalz stellte ihn als Hofkaplan an, Franz von Sickingen gab ihm eine Pfarrstelle in Landstuhl. Dort bekräftigte Bucer seine Entscheidung öffentlich durch die Heirat mit der früheren Nonne Elisabeth Silbereisen (1522) und siedelte nach Weißenburg im Elsaß um. Seine offene Parteinahme für Luther veranlasste den Speyerer Bischof, ihn zu exkommunizieren, woraufhin Papst Hadrian VI. ihn mit dem Bann belegte (1523). Als »Vogelfreie« mussten Bucer und seine Frau aus Weißenburg fliehen. Die Stadt Straßburg bot den Flüchtlingen Schutz, der Münsterprediger und Begründer der Reformation in Straßburg, Matthäus Zell, nahm sie in sein Haus auf.

Ein Jahr später schon wählte die Bürgerschaft Bucer zum evangelischen Pfarrer in St. Aurelien. Sein Ruf als Prediger und sein Spürsinn für organisatorische Fragen machten ihn zum führenden Mann der Reformation in der Reichsstadt. Eng arbeitete Bucer mit dem Bürgermeister Jakob Sturm zusammen, ihm gelang es, der Kirche in der Stadt eine feste Ordnung zu geben, die sich besonders bewährte,

als viele Täufergruppen Fuß zu fassen versuchten. Theologisch versuchte Bucer stets, zwischen den verschiedenen Richtungen zu vermitteln. Seit 1523 schrieb er regelmäßig Briefe mit → Ulrich Zwingli, lernte ihn 1528 bei einem Religionsgespräch in Bern persönlich kennen, begleitete ihn 1529 zur großen Diskussion über das Abendmahl mit den Lutheranern in Marburg. Als der Reichstag 1530 die Protestanten zur Klärung der unterschiedlichen religiösen Strömungen einlud, verfasste Bucer gemeinsam mit Wolfgang Capito das sogenannte Vierstädtebekenntnis, das von Memmingen, Lindau, Straßburg und Konstanz unterzeichnet wurde. Er suchte Luther, der auf der Veste Coburg geblieben war, auf und wollte ihn dazu bringen, einer Vereinigung zuzustimmen, konnte ihn jedoch nicht überzeugen. Erst sechs Jahre später, 1536, gelang es Bucer, in der Wittenberger Konkordie die oberdeutschen Reformierten und die kursächsischen Lutheraner zusammenzuführen. Der Preis der Einigung war hoch: Sie bewirkte gleichzeitig die endgültige Trennung von den eidgenössischen Reformierten.

Bucers Auftreten in Augsburg machte ihn weit über die

Grenzen Straßburgs hinaus als Kirchenorganisator bekannt. Zahlreiche Städte baten ihn um Hilfe bei der Organisation der reformatorischen Bewegung, Ulm, Biberach, Memmingen, vor allem aber die Stadt Augsburg. Bucer beriet Herzog Ulrich bei der Einführung der Reformation in Württemberg, → Philipp von Hessen berief ihn zum Ratgeber, weil er das wachsende Täufertum nicht mit Gewalt bekämpfen wollte. 1539 arbeitete Bucer die »Ziegenhainer Zucht- und Ältestenordnung« aus, sie verlieh der Reformation in Hessen auf lange Zeit die entscheidende Form. Bis heute wirkt die Ordnung nach, in ihr legte Bucer zum ersten Mal die Konfirmation als Kirchenregel fest.

Der Tod seiner Frau, mit der er 13 Kinder hatte, traf Bucer tief. 1541 starb sie während einer Pestepidemie, die auch seine Kinder mitnahm, nur ein Sohn erreichte das Erwachsenenalter. Auf dem Sterbebett hatte seine Frau ihn gebeten, Wibrandis Rosenblatt zu heiraten, die dreizehn Jahre jüngere Witwe von Wolfgang Capito und Johannes Oekolampad. Bucer folgte dieser Bitte.

Anfang der vierziger Jahre berief der Erzbischof von Köln Bucer nach Bonn, er sollte die Einführung der Reformation im Bistum vorbereiten. Gemeinsam mit → Philipp Melanchthon verfasste er zwei grundlegende Schriften zur Reformation in Köln, aufgrund politischer Ereignisse scheiterte das Vorhaben aber. Auch die Versuche, sich in Religionsgesprächen mit der katholischen Kirche zu verständigen (Hagenau, Worms und Regensburg 1540/41) brachten nicht den erhofften Erfolg.

Als Kaiser Karl V. das Interim erließ, weigerte sich Bucer, sich dieser Rekatholisierung zu unterwerfen. Da der Straßburger Rat aber dem Interim zustimmte, musste Bucer die Stadt verlassen. Er emigrierte nach England, wo er unter Erzbischof Thomas Cranmer von Canterbury an der englischen Reformation mitarbeitete.

Als unter Maria I. von Tudor die Gegenreformation in England einzog, wurde Bucer sechs Jahre nach seiner Beisetzung exhumiert und zusammen mit seinen Schriften nachträglich als Ketzer verbrannt. Elisabeth I. rehabilitierte Bucer allerdings im Jahr 1560 in einem feierlichen Akt in der Universität Cambridge.

Familiäres: Bucer heiratete 1522 die frühere Nonne Elisabeth Silbereisen und hatte mit ihr 13 Kinder. 1542 ehelichte er Wibrandis Rosenblatt, die Witwe zweier anderer Reformatoren, Capito und Oekolampad. Mit ihr hatte er zwei Kinder.

Orte: Schlettstadt (Sélestat), Heidelberg, Weißenburg, Straßburg, Bern, Marburg, Augsburg, Ulm, Biberach, Konstanz, Lindau, Wittenberg, Köln, Cambridge

Zitat: »Auf dass sie alle eins seien.«

Wichtiges Werk: *De regno Christi – Von der Herrschaft Christi*, geschrieben 1550, gedruckt 1557.

Zum Weiterlesen: Martin Greschat: *Martin Bucer. Ein Reformator und seine Zeit*. München 1990

Auch das noch: Nach Bucer haben sich viele Gemeindehäuser und vor allem Jugendzentren benannt. Eine Forschungsstelle in Erlangen gibt seine gesamten Schriften und zahlreichen Briefe heraus.

Hans Sachs

* 5. November 1494 in Nürnberg
† 19. Januar 1576 in Nürnberg

Schuhmacher, Dichter, Meistersinger, Laientheologe

Hans Sachs besuchte acht Jahre lang eine Lateinschule, ehe er schließlich eine Schuhmacherlehre absolvierte. Nach seinem Abschluss ging er fünf Jahre auf Gesellenwanderung und diente vorübergehend am Hof Kaiser Maximilians I. in Innsbruck, wo er sich zum Studium des Meistergesangs entschlossen haben soll. Noch im selben Jahr begann er das Studium bei Meister Lienhard Nunnenbeck in München. Sein erstes Lied verfasste er nach eigenen Angaben mit 20. Im Jahr 1516 ließ er sich dann endgültig in Nürnberg nieder und wurde Schuhmachmeister und gleichzeitig aktives Zunftmitglied der Meistersinger. Er stellte sich schon früh auf die Seite der Reformation und verbreitete die Lehre →Martin Luthers, etwa durch sein Gedicht *Die Wittenbergisch Nachtigall,* das sie volkstümlich darstellte und mit dem er seinen ersten Ruhm erlangte. Daneben verfasste er auch Reformationsdialoge und zeitkritische Flugschriften. Er äußerte sich zu Luthers Rechtfertigungslehre, kritisierte die Papstkirche und sprach sich für das Laienpriestertum aus, war aber stets gegen Gewaltanwendungen. Dennoch blieb sein Handeln nicht ohne Folgen. Ihm wurde von der Obrigkeit ein Schreibverbot auferlegt, das jedoch nicht lange anhielt, da die Reformation sich bald auf Nürnberg ausweitete. Hans Sachs durfte wieder schreiben und wurde zum Volkshelden erklärt. Sein poetisches Wirken war meist durch seinen Glauben inspiriert. Schließlich plante er sogar, einige Bücher der Bibel ganz in Spruchgedichtform zu bearbeiten, was ihm teilweise gelang.

Hans Sachs starb am 19. Januar 1576 und wurde auf dem Nürnberger Johannisfriedhof bestattet.

Familiäres: Sachs heiratete 1519 Kunigunde Creutzer. Das Paar bekam sieben Kinder, die er alle überlebte. Ein Jahr nach Kunigundes Tod heiratete er die junge Witwe Barbara Harscher.

Orte: Nürnberg, Innsbruck, München

Zitat: »Wer hier in dieser Welt will leben, der muß sich ganz darein ergeben, daß er der Welt nichts recht tun kann, in allem, was er fängt nur an.«

Wichtiges Werk: Die Wittenbergisch Nachtigall, 1523

Wach auff! Es nahent gen den tag. / Ich hör singen im grünen hag / Ein wunigkliche nachtigall. / Ir stim durchklinget berg und thal. / Die nacht neigt sich gen occident, / Der tag get auff von orient, / Die rotprünstige morgenröt / Her durch die trüben wolcken göt.

Zum Weiterlesen: Wilhelm Richard Berger (Hrsg.): *Hans Sachs. Schumacher und Poet,* Frankfurt a.M., 1994

Albrecht Dürer

*** 21. Mai 1471 in Nürnberg**
† 6. April 1528 in Nürnberg

Maler, Grafiker, Mathematiker und Kunsttheoretiker

Albrecht Dürer wurde 1471 als Sohn eines gleichnamigen Goldschmieds in Nürnberg geboren. Dort besuchte er die Schule und begann in der Werkstatt seines Vaters das Goldschmiedehandwerk zu lernen. Da er jedoch lieber Maler werden wollte, schickte ihn sein Vater 1486 beim Nürnberger Maler Michael Wolgemut in die Lehre. Hier wirkte Dürer vermutlich an den Entwürfen zur Illustration der »Schedelschen Weltchronik« mit.

1490 ging er auf Wanderschaft und wirkte unter anderem in Kolmar, Straßburg und Basel als Buchillustrator – etwa für Sebastian Brants »Narrenschiff«. 1494 kehrte Dürer nach Nürnberg zurück und heiratete Agnes Frey; noch im gleichen Jahr reiste er nach Italien, wo er sich von Vertretern der Frührenaissance inspirieren ließ. Aus dieser Zeit stammen auch seine bekannten Landschaftsaquarelle.

Als er 1495 zurückkehrte, machte er sich als Meister selbstständig und fertigte neben einigen Porträts und Altarwerken vor allem Holzschnitte und Kupferstiche zur Buchillustration an. Später beschäftigte er in seiner Werkstatt auch andere Künstler wie Hans Baldung als Mitarbeiter. Er freundete sich mit Willibald Pirckheimer an und interessierte sich für humanistische Ideen.

1505 reiste er nach Venedig, wo er sich unter anderem von Giovanni Bellini inspirieren ließ und für die Kirche der deutschen Kaufleute ein Altargemälde anfertigte. Das »Rosenkranzfest« zeigt eine Madonnenfigur, die Kaiser Maximilian I. einen Rosenkranz reicht, während das Christuskind den Papst krönt. Obwohl der Rat der Stadt Dürer 200 Gulden bot und ihn damit zum Bleiben zu bewegen versuchte, kehr-

te er 1507 nach Nürnberg zurück. 1509 wurde er Mitglied des Nürnberger Rats und kaufte ein ansehnliches Haus am Tiergärtner Tor. Künstlerisch wandte er sich erneut vor allem dem Holzschnitt und dem Kupferstich zu, die er so weit verfeinerte, dass sie nicht mehr allein der Buchillustration dienten, sondern ganz eigene Kunstwerke darstellten. Auch Kaiser Maximilian beauftragte ihn in dieser Zeit mit unterschiedlichen Projekten, wofür Dürer seit 1515 ein Jahresgehalt von 100 Gulden bekam. Ausführlich beschäftigte er sich mit Mathematik, mit Proportionslehre und anderen kunsttheoretischen Fragen.

Dürer nahm 1518 am Augsburger Reichstag teil, wo er viele Prominente seiner Zeit porträtierte, darunter Jakob Fugger. Auch Schriften → Martin Luthers, über den er sagte, er habe ihm »aus großen Ängsten geholfen«, hat er in dieser Zeit wohl erstmals gelesen. 1520 unternahm er eine Reise in die Niederlande. Nach seiner Rückkehr leitete er die künstlerische Gestaltung des Nürnberger Rathauses, von der heute allerdings nur noch Kopien überliefert sind.

Was die Reformation betraf, stand Dürer gemeinsam

mit dem Nürnberger Rat auf Luthers Seite. Gerne hätte er Luther porträtiert, dazu kam es aber nie. Dürer freundete sich allerdings mit →Philipp Melanchthon an, der sich 1525 in Nürnberg aufhielt. Ihn porträtierte der Künstler in einem Kupferstich.

Seit der Reise in die Niederlande an Malaria erkrankt, starb Albrecht Dürer 1528 in Nürnberg und wurde auf dem Johannisfriedhof beigesetzt.

Familiäres: 1494 heiratete Albrecht Dürer in Nürnberg Agnes Frey, die Tochter eines Kupferschmieds. Die Ehe war von den Vätern arrangiert worden. Kinder bekam das Paar nicht.

Orte: Nürnberg, Basel, Venedig

Zitat: »Und hilft mir Gott, dass ich zu Martin Luther komme, so will ich ihn mit Fleiß abkonterfeien und in Kupfer stechen zu einem dauernden Andenken des christlichen Mannes, der mir aus großen Ängsten geholfen hat.«

Wichtige Werke: *Feldhase*, Aquarell 1502; *Ritter, Tod und Teufel*, Kupferstich 1513; *Rhinocerus*, Holzschnitt 1515; *Philipp Melanchthon*, Kupferstich 1526

Zum Weiterlesen: Johann Konrad Eberlein: *Albrecht Dürer*. Reinbek 2003

Auch das noch: Albrecht Dürer und seine Frau sind die Hauptpersonen in der 1828 erschienenen Novelle »Künstlerehe« von Leopold Schefer.

In dem Stummfilm »Luther – Ein Film der deutschen Reformation« von 1928 und einem Film über einen der Zeitgenossen Dürers von 1978 unter dem Titel »Jörg Ratgeb – Maler« findet auch Dürer Erwähnung.

Auf früheren DM-Scheinen waren einige Werke Dürers zu sehen.

Tafel am Schloss im Schlosshof

Lucas Cranach der Ältere

*** um 1475 in Kronach**
† 16. Oktober 1553 in Weimar

Maler, schuf die bekannten Lutherporträts und setzte reformatorische Gedanken ins Bild

Er wurde um 1475 als Sohn des Malers Hans Maler in Kronach geboren. Bis auf einen Vermerk über das schlechte Benehmen der Kinder der Familie Maler ist über seine frühen Jahre nichts bekannt. Wahrscheinlich erhielt er seine Ausbildung in der Werkstatt des Vaters und ging anschließend auf Wanderschaft. Ab 1501 hielt er sich für einige Jahre in Wien auf. 1504 zog er nach Wittenberg, wo er seit 1505 als Hofmaler Kurfürst →Friedrichs des Weisen wirkte. Cranach übernahm die Werkstatt des Malers Jacopo de Barbari im Wittenberger Schloss. In dieser Zeit fertigte er neben Porträts und Gemälden für Schlösser und Kirchen auch erste Druckgrafiken an. 1508 verlieh ihm der Kurfürst ein Wappen, das eine geflügelte Schlange zeigt, die einen Rubinring im Maul trägt. Außerdem schickte er Cranach in diplomatischen Angelegenheiten in die Niederlande. Hier porträtierte er den jungen späteren Kaiser und ließ sich von der niederländischen Malerei inspirieren.

Zurück in Wittenberg, lief seine Werkstatt weiterhin gut; schnell gelangte er zu Wohlstand, konnte seinen Betrieb ausbauen und zog in die Stadt, wo er seit 1512, dem Jahr, in dem er auch seine Frau Barbara heiratete, zudem einen Weinausschank betrieb.

1520 kam eine Apotheke hinzu, außerdem betätigte er sich als Verleger, Buch- und Papierhändler. 1519 war er erstmals Mitglied des Wittenberger Rats und wirkte später viele Jahre lang auch als Bürgermeister.

Mit →Martin Luther und →Philipp Melanchthon war Cranach eng befreundet. Er war Trauzeuge Luthers und gegenseitig waren sie Paten ihrer Kinder. Cranach illustrierte reformatorische Schriften, schuf die bis heute prägenden Lutherporträts als Mönch, Junker Jörg und gestandener Reformator. Und er setzte in seinen Altarwerken und Gemälden wie »Gesetz und Gnade« die reformatorischen Grundgedanken allgemeinverständlich ins Bild. Dennoch schlug er auch Aufträge von katholischer Seite nicht aus.

Auch unter →Johann dem Beständigen und →Johann Friedrich dem Großmütigen wirkte Cranach als Hofmaler. In seiner Werkstatt beschäftigte er zahlreiche Mitarbeiter, darunter seit ca. 1530 auch seine Söhne Hans und Lucas. Um die vielen Aufträge möglichst effektiv bewältigen zu können, setzte er Vorlagen ein, die mehrmals genutzt wurden und nur noch an das jeweilige Bild angepasst werden mussten.

Nachdem Johann Friedrich 1547 in Gefangenschaft geraten war, übergab Cranach seine Werkstatt seinem Sohn Lucas und folgte seinem Fürsten nach langem Zögern zunächst nach Augsburg, dann nach Innsbruck und schließlich nach Weimar.

1553 starb Lucas Cranach im Haus seiner Tochter Barbara in Weimar. Er wurde auf dem Jakobsfriedhof beigesetzt. Aufgrund der großen Fülle an Bildern, die seine Werkstatt verlassen hatten (man geht von ca. 5000 aus), heißt es auf seinem Grabstein, er sei »der schnellste Maler« gewesen.

Familiäres: Lucas Cranach war seit 1512 verheiratet mit Barbara Berngebier, der Tochter des Bürgermeisters von Gotha. Das Paar bekam fünf Kinder – Hans, Lucas, Barbara, Ursula und Anna. Hans, der eigentlich die Werkstatt hätte übernehmen sollen, starb früh. Es wird überliefert, Cranach habe nach dem Tod des Sohnes sein Wappen geändert: Aus der geflügelten Schlange mit aufrechten Flügeln wurde nun eine Schlange mit hängenden Flügeln. Allerdings lässt sich der inhaltliche Zusammenhang zwischen Wappenänderung und dem Tod des Sohnes nicht sicher belegen.

Orte: Wien, Wittenberg, Weimar.

Wichtige Werke: Zahlreiche Lutherporträts; *Gesetz und Gnade*, 1529; *Wittenberger Altar*, um 1540.

Zitat über ihn: »Wahrlich, wenn ich den einzigen Albrecht Dürer, meinen Landsmann, dieses unzweifelhafte Genie, ausnehme, so gewährt, nach meinem Urteil, nur dir unser Jahrhundert den ersten Platz unter der Malerei.« *Christoph Scheurl, 1509*

Zum Weiterlesen: Bertold Hinz: *Lucas Cranach d. Ä.*. Hamburg 1993.

Auch das noch: Das »Bildnis eines jungen Mannes« auf dem früheren Zehnmarkschein, das lange Albrecht Dürer zugeschrieben wurde, stammt vermutlich von Lucas Cranach.

Tafel im Cranachhof, Schlossstr. 1

Ernst von Braunschweig-Lüneburg

Der Bekenner

*** 26. Juni 1497 in Uelzen**
† 11. Januar 1546 in (?)

Herzog zu Braunschweig-Lüneburg

Ernst war das vierte Kind des Herzogs Heinrich der Mittlere. Zum Studium kam er 1512 an die Universität Wittenberg und besuchte dort auch die Vorlesungen → Luthers, obwohl Theologie nicht sein Fach war. Im Anschluss an sein Studium trat er in den Dienst des französischen Königs Franz I.

Nachdem sein Vater im Jahr 1520 wegen einer ihm drohenden Reichsacht nach Frankreich geflohen war, übernahm Ernst mit seinen Brüdern die Regierung. Seine Brüder Otto und Franz ließen sich später mit Ämtern Harburg und Gifhorn abfinden. So regierte Ernst ab 1539 alleine. Großen Wert legte er vor allem auf die Sanierung des völlig überschuldeten Fürstentums. Da hierfür Steuererhöhungen notwendig waren, kam es zu Auseinandersetzungen mit den Ständen, die er aber erfolgreich lösen konnte.

Sein zweites Anliegen war die Einführung der Reformation. Im Jahr 1525 bekannte er sich öffentlich zur Lehre Luthers und trat ein Jahr später dem Torgauer Bund bei. Bei einer Fürstenhochzeit in Torgau im darauffolgenden Jahr begegnete er Luther persönlich und beratschlagte sich mit ihm. Von Gegnern wurde sein Vater aus dem Exil zurückgerufen, um ihn zu verdrängen. Der Versuch scheiterte und sein Vater verzichtete 1527 beim Landtag im Kloster Scharnebeck auf den Thron. Ernsts Reformationsstreben stand nun nichts mehr im Weg. Er führte sie in seinem Land konsequent durch und gehörte schließlich zu den wichtigsten Unterzeichnern der Protestation zu Speyer gegen die Aufhebung des Reichstagsbeschlusses von 1526. Er unterschrieb beim Augsburger Reichstag 1530 das Augsburger Bekenntnis und begegnete dort dem Theologen → Urbanus Rhegius, den er später für die kirchliche Neuordnung seines Landes zum Generalsuperintendenten ernannte. Als Reaktion auf die sich 1531 ankündigenden militärischen Konflikte gewann Ernst die norddeutschen Städte für den Beitritt zum Schmalkaldischen Bund.

1546 starb er und wurde in der Fürstengruft in der Stadtkirche St. Marien in Celle bestattet.

Familiäres: Herzog Ernst war verheiratet mit Sophie von Mecklenburg-Schwerin und bekam mit ihr vier Söhne und sechs Töchter.

Orte: Uelzen, Wittenberg, Lüneburg

Zitat: Sein Wahlspruch: »Aliis servio, me ipsum contero«: »Anderen diene ich, mich selber verzehre ich.«

Zum Weiterlesen: Klaus Friedland: *Ernst, Herzog von Braunschweig-Lüneburg-Celle,* in: *Neue Deutsche Biographie*. Berlin 1959

Philipp von Hessen

* 1504 in Marburg
† 1567 in Kassel

Bedeutender Landesfürst und politischer Führer im Zeitalter der Reformation

Als Landgraf Wilhelm II. 1509 starb, war sein Sohn und Nachfolger Philipp noch minderjährig und seine Mutter übernahm die Regentschaft. Mit dreizehn Jahren wurde er selbst zum Herrscher. Siebzehnjährig nahm er am Reichstag zu Worms teil, auf dem Luther vor dem Kaiser seine Lehre verteidigte. Noch 1523 ließ Philipp lutherische Prediger aus seinem Herrschaftsgebiet ausweisen, doch ein Jahr später bekannte er sich öffentlich zum Protestantismus und führte 1526 nach der Synode von Homberg die Reformation in Hessen ein. Die Klöster wurden teilweise zu Hospitälern, denn Philipp, der den Beinamen »der Großmütige« trug, hatte die Armen- und Krankenfürsorge zu seiner Sache gemacht. In Marburg entstand unter ihm die erste evangelische Universität. 1529 lud er →Martin Luther und →Ulrich Zwingli dorthin zu einem Religionsgespräch ein, das angesichts einiger Unterschiede in ihren Lehren zu einer Verständigung der beiden Reformatoren führen sollte. Bis auf ihre bleibenden Differenzen in der Lehre vom Abendmahl gelang dies auch.

1531 wurde Philipp zum Mitbegründer des Schmalkaldischen Bundes, in dem sich evangelische Fürsten und Städte gegen den katholischen Kaiser Karl V. zusammentaten. Militärisch besiegt, kam Philipp fünf Jahre lang in Gefangenschaft. Der Versuch des Kaisers, die Reformation in Hessen rückgängig zu machen, scheiterte jedoch am Widerstand der evangelischen Gemeinden. In seinen letzten Lebensjahren war Philipp vor allem damit beschäftigt, die Verwaltung seines Fürstentums zu modernisieren, den Protestantismus zu festigen und die Erbfolge unter seinen zahlreichen Nachkommen zu klären.

Familiäres: Philipp von Hessen war ein Bigamist. Zu seiner ersten Ehefrau Christine von Sachsen ehelichte er 1540 noch das Hoffräulein Margarethe von der Saale. →Martin Luther und →Philipp Melanchthon hatte er zuvor um Rat gefragt. Luther hatte – wohl auch weil er seinen Verbündeten nicht verlieren wollte – nach einigen Bedenken beschieden, dass Bigamie letztlich besser sei als Scheidung.

Mit den beiden Frauen bekam Philipp insgesamt 19 Kinder.

Orte: Kassel, Marburg

Zum Weiterlesen: Gury Schneider-Ludorff: *Der fürstliche Reformator. Theologische Aspekte im Wirken Philipps von Hessen von der Homberger Synode bis zum Interim*. Leipzig 2006

Albrecht von Preußen

*** 17. Mai 1490 in Ansbach**
† 20. März 1568 auf der Burg Tapiau

Letzter Hochmeister des Deutschen Ordens, erster Herzog von Preußen

Albrecht wurde als Sohn des Markgrafen Friedrich II. von Brandenburg-Ansbach und seiner Frau Sophie, einer Tochter des polnischen Königs, in Ansbach geboren. Sein Vater bestimmte testamentarisch, dass Albrecht eine geistliche Laufbahn einschlagen sollte.

Über seine Jugendjahre ist kaum etwas bekannt. Mit 21 Jahren wurde er vom Deutschen Orden, einem alten Ritterorden aus der Zeit der Kreuzzüge, zum 37. Hochmeister gewählt, hatte also das höchste Amt des Ordens inne. Dem Orden gehörte ein recht großes Territorium im Baltikum. Als Hochmeister hatte Albrecht die landesherrlichen Rechte inne.

Um Polen im Kriegsfall nicht mehr militärisch unterstützen zu müssen und schwelende Streitigkeiten gegebenenfalls auch kriegerisch angehen zu können, verweigerte Albrecht dem polnischen König Sigismund I. den Lehenseid. Die Spannungen zwischen dem Ordensstaat und Polen führten schließlich zum sogenannten »Reiterkrieg«, der den Ordensstaat völlig verwüstete, aber unentschieden ausging. Durch Vermittlung des Papstes und des Kaisers wurde 1521 ein vierjähriger Waffenstillstand vereinbart.

Vom Reformator Andreas Osiander ließ sich Albrecht 1522 von den reformatorischen Ideen überzeugen. 1523 traf sich Albrecht heimlich mit →Martin Luther und →Philipp Melanchthon. Luther riet ihm, seinen Orden aufzugeben und stattdessen ein evangelisches Herzogtum in Preußen zu schaffen. Albrecht, der wusste, dass er ohne militärische Unterstützung keine Chance auf einen Sieg gegen Polen hatte, ließ sich überzeugen. Er unterwarf sich Sigismund und

nahm Preußen als weltliches Herzogtum zu erblichem Lehen.

Sofort führte er die Reformation in seinem Land ein und machte Preußen zum ersten protestantischen Gebiet. Schnell erschien eine neue Kirchenordnung und Albrecht holte evangelische Theologen ins Land. Es gab Versuche, das Treiben des frischgebackenen Herzogs aufzuhalten, doch selbst die Reichsacht beeindruckte Albrecht nicht. Er arbeitete nur noch intensiver an der Einführung der Reformation und der Festigung seiner Herrschaft.

Wichtig war ihm außerdem das Schulwesen: Er gründete Lateinschulen, ein Gymnasium und die Universität Königsberg (Kaliningrad), die zu einer der bedeutendsten Hochschulen im Baltikum wurde. Außerdem ließ er auf eigene Kosten Schulbücher drucken, gab Leibeigenen, die lernen wollten, die Freiheit und legte den Grundstock für die königliche Bibliothek.

In seinen letzten Regierungsjahren trieben ihn kirchliche und politische Streitigkeitenin tiefen Kummer. 1568 starb Albrecht von Preußen an der Pest.

Familiäres: Albrecht von Preußen heiratete in erster Ehe Prinzessin Dorothea von Dänemark. Gemeinsam bekamen sie sechs Kinder, von denen jedoch nur das erste, Anna Sophie, älter wurde als ein Jahr. Aus seiner zweiten Ehe mit Prinzessin Anna Maria gingen zwei Kinder hervor, darunter sein Erbe Albrecht Friedrich.

Orte: Ansbach, Kloster Zschillen (auch: Kloster Wechselburg), Königsberg (Kaliningrad)

Zum Weiterlesen: Walther Hubatsch: *Albrecht von Brandenburg-Ansbach. Deutschordens-Hochmeister und Herzog in Preußen 1490-1568*. Berlin 1965

Außerdem in der Schlosskirche: Adelswappen

Joachim II. von Brandenburg

Hector

* 13. Januar 1505 in Cölln an der Spree
† 3. Januar 1571 in Köpenick

Kurfürst von Brandenburg

Den Konflikt zwischen den Altgläubigen und den Reformierten bekam Joachim schon früh in der eigenen Familie zu spüren. Während sein Vater Joachim I. Nestor und sein Onkel Kardinal Albrecht von Mainz katholisch blieben, ließ sich seine Mutter Elisabeth früh von den Lehren →Martin Luthers überzeugen und musste deshalb vor seinem Vater fliehen.

Der Vater verheiratete Joachim zwei Mal mit Töchtern aus streng katholischem Hause, um ihn auf der katholischen Seite zu halten. Später verpflichtete er seine Söhne sogar in seinem Testament dazu, für immer katholisch zu bleiben. Dennoch zog es sie eher in die evangelische Richtung. Später behauptete Joachim zwar, bereits 1519 durch → Luther für die Ideen der Reformation gewonnen worden zu sein. Anders als sein Bruder hielt er jedoch zunächst am katholischen Glauben fest, nachdem er 1535 die Nachfolge seines Vaters angetreten hatte. Allerdings pflegte Joachim seit 1532 bereits Briefkontakt zu Luther. 1539 führte auch er die Reformation in seinem Land ein, ohne sich jedoch selbst offiziell zum neuen Glauben zu bekennen. Seit November desselben Jahres, wurde in der Spandauer und der Berliner Nikolaikirche das lutherische Abendmahl in beiderlei Gestalt gefeiert. Ein Jahr später wurde eine neue Kirchenordnung eingeführt, an deren Entwurf neben → Philipp Melanchthon auch Joachim mitgewirkt hatte. Dennoch war Joachim überzeugt, keinen neuen Glauben eingeführt, sondern lediglich einige Fehler innerhalb der katholischen Kirche korrigiert zu haben.

Nach einer Begegnung mit Melanchthon und dem Juden Josel von Rosheim entschied er sich dazu, Juden wieder in

seinem Land wohnen zu lassen. Denn mit den von ihnen zu zahlenden Sondersteuern hoffte er seinen durch zahlreiche Bauprojekte und seine bisweilen exzentrische Amtsführung angehäuften Schuldenberg zu tilgen.

Im Schmalkaldischen Krieg kämpfte Joachim auf der Seite des katholischen Kaisers, setzte sich anschließend jedoch für die unterlegenen Kurfürsten ein.

Erst als er nach dem Augsburger Religionsfrieden von 1555 keine politischen Nachteile mehr befürchten musste, bekannte Joachim sich auf öffentlich zum neuen Glauben.

Joachim II. verstarb überraschend am 3. Januar 1571 in Köpenick.

Familiäres: Mit seiner ersten Frau Magdalene von Sachsen bekam Joachim sieben Kinder. Aus seiner zweiten Ehe mit Hedwig von Polen gingen fünf Kinder hervor.

Orte: Cölln, Berlin

Außerdem in der Schlosskirche: Adelswappen

Friedrich III. »der Weise« von Sachsen

*** 17. Januar 1463 in Torgau**
† 5. Mai 1525 in Lochau

Kurfürst von Sachsen, Beschützer Luthers, Unterstützer der Reformation

Friedrich III. war 23 Jahre alt, als er 1486 gemeinsam mit seinem jüngeren Bruder die Regierungsverantwortung im Kurfürstentum Sachsen übernahm. Infolge der erst ein Jahr zuvor vollzogenen »Leipziger Teilung« des Hauses Wettin in die Linien der Ernestiner und Albertiner war der kurfürstliche Territorialbesitz stark zersplittert, aber durch verschiedene Einkünfte recht einträglich.

Friedrich III. war einer der ranghöchsten Fürsten im Reich, dennoch hatte er nicht das typische Naturell eines Herrschers; als umfassend gebildeter Landesvater korrespondierte er lieber mit Gelehrten und Künstlern wie Erasmus von Rotterdam und → Albrecht Dürer. 1502 gründete er die Universität von Wittenberg, die später durch → Martin Luther und → Philipp Melanchthon zum geistigen Zentrum der Reformation in Deutschland werden sollte. 1507 wurde er zum Generalstatthalter des Reiches ernannt, doch nach dem Tod Kaiser Maximilians I. 1519 verzichtete er trotz guter Aussichten auf die Kandidatur für die Kaiserkrone und unterstützte Karl V.

Obwohl Friedrich sich nie offen zur Reformation bekannte und sogar mit großer Leidenschaft die von Luther verachteten Reliquien sammelte, setzte er sich doch für den Reformator ein; anfangs möglicherweise nur, weil Luther ein Landeskind war, später aber auch, weil er dessen Schriften schätzte. 1521 vermittelte er dem Wittenberger Kirchenkri-

tiker das freie Geleit zum Reichstag in Worms und ließ ihn anschließend auf der Wartburg bei Eisenach verstecken, um ihn vor den Folgen der Reichsacht zu schützen. Dennoch ist Friedrich III. nie mit Luther zusammengetroffen, auch blieb er bis an sein Lebensende der römisch-katholischen Kirche treu. Erst auf dem Sterbebett ließ er sich das Abendmahl in protestantischer Art reichen: mit Brot und Wein.

Familiäres: Friedrich der Weise war der Schwager von Johann I., dem König von Dänemark, Norwegen und Schweden, den seine zwei Jahre ältere Schwester Christina 1478 geheiratet hatte; er selbst war nie vermählt.

Orte: Torgau, Kurfürstentum Sachsen, Wittenberg

Zum Weiterlesen: Ingetraut Ludolphy: *Friedrich der Weise, Kurfürst von Sachsen 1463–1525*. Leipzig 2007

Auch das noch: Wegen seiner Leibesfülle nannte der päpstliche Nuntius Aleander den Kurfürsten »fettes Murmeltier«.

Außerdem in der Schlosskirche: Marmorstatue, Grab, Bronze-Epitaph, Adelswappen; außen: Statue über der Thesentür

Johann »der Beständige« von Sachsen

* 13. Juni 1468 in Meißen
† 16. August 1532 auf Schloss Schweinitz

Herzog und Kurfürst von Sachsen

Nach dem Tod des Vaters 1486 wurde Johann dem Beständigen gemeinsam mit seinem Bruder → Friedrich dem Weisen die Herrschaft über das Kurfürstentum Sachsen und die ernestinischen Teile Thüringens übertragen. Johann ließ sich in Weimar nieder, nachdem er seine zweiten Frau Margarete von Anhalt geehelicht hatte. Im Jahr 1525 verstarb sein Bruder Friedrich und Johann übernahm die alleinige Verwaltung für das Kurfürstentum. Dabei ließ er sich von korrupten Beamten ausnehmen. Wie sein Bruder war er der Reformation gegenüber positiv eingestellt und fällte seine Entscheidungen stets mit Blick auf christliche Glaubensgrundsätze. Zum Reichstag von Speyer erschien er als einer der wenigen fürstlichen Vertreter des Protestantismus. Ebenso nahm er am Augsburger Reichstag teil und unterstützte → Martin Luther, mit dem er eine fast freundschaftliche Beziehung pflegte. Gemeinsam mit → Philipp von Hessen übernahm er die Führung des Schmalkaldischen Bundes. Nach seinem Tod am 16. August 1532 wurde er wie sein Bruder in der Schlosskirche zu Wittenberg beigesetzt und hinterließ das Kurfürstentum seinem Sohn Johann Friedrich.

Familiäres: Johann war in erster Ehe mit Sophie von Mecklenburg verheiratet nach ihrem Tod vermählte er sich mit Margarete von Anhalt.

Orte: Torgau, Weimar

Zitat über ihn: »Ich glaube gewiss, dass der Kurfürst Johann von Sachsen den Heiligen Geist gehabt hat. Das hat er in Augsburg durch sein Bekenntnis trefflich bewiesen.« *Martin Luther, 1530*

Zum Weiterlesen: Volker Leppin/Georg Schmidt/Sabine Wefers (Hg.): *Johann Friedrich I. – der lutherische Kurfürst.* Gütersloh 2006

Auch das noch: Neben seinem Bruder Friedrich und seinem Sohn und Nachfolger →Johann Friedrich I. findet Johann in Forschung und Literatur nur wenig Beachtung. Im Evangelischen Namenskalender wird er mit einem Gedenktag am 16. August gewürdigt.

Außerdem in der Schlosskirche: Marmorstatue, Grab, Bronze-Epitaph; außen: Statue über der Thesentür

Johann Friedrich I. »der Großmütige« von Sachsen

* 30. Juni 1503 in Torgau
† 3. März 1554 in Weimar

Gönner Martin Luthers, führender Kopf der protestantischen Fürsten im Schmalkaldischen Bund

Der Sohn des →Johann von Sachsen (»der Beständige«) genoss eine ausgezeichnete Ausbildung in Torgau und Weimar. Als Jugendlicher lernte er →Martin Luther kennen, siebzehnjährig setzte er sich bei seinem Onkel für Luther ein, als dieser 1520 von der Bannbulle des Papstes Leo X. betroffen war. Johann Friedrich nannte Luther seinen »gaystlichen Vater«.

Mit 29 Jahren trat er die Nachfolge seines Vaters an. Er verschaffte der protestantischen Kirche in Sachsen eine neue Ordnung, richtete ein Konsistorium ein und verlieh der Universität Wittenberg eine Stipendiatenordnung. Auf ihn geht die Gründung der Universität Jena zurück, die 1557 von Kaiser Ferdinand I. anerkannt wurde.

Das politische Schicksal von Johann Friedrich stand unter einem ungünstigen Stern. Sein Einsatz für die Reformation führte zu unklugen Maßnahmen, so griff er die katholischen Gebiete von Braunschweig-Wolfenbüttel an. Daraufhin verhängte Kaiser Karl V. im Jahr 1546 die Reichsacht über ihn und beauftragte Moritz von Sachsen mit deren Vollzug. 1547 wurde Johann Friedrich in der Schlacht bei Mühlberg besiegt und gefangen genommen. Das zunächst verhängte Todesurteil wandelte der Kaiser in lebenslange Haft um. Johann Friedrich verlor die Kurwürde an Moritz von Sachsen und büßte einen großen Teil seines Gebietes ein.

Erst 1552, als Moritz sich gegen den Kaiser wandte, kam Johann Friedrich frei. Im Vertrag von Naumburg erhielt er 1554 einige seiner Gebiete zurück und durfte sich fortan »geborener Kurfürst« nennen. Die Kurwürde allerdings verblieb bei Moritz von Sachsen.

Legendär ist die Leibesfülle Johann Friedrichs. Er liebte Wein und üppige Festmahle und war so dick, dass dem Vernehmen nach nur ein friesischer Hengst in der Lage war, ihn zu tragen. Mit 51 Jahren verstarb Johann in Weimar.

Familiäres: Seit 1527 war Johann Friedrich mit Sibylle von Cleve verheiratet, mit der er vier Söhne hatte, einer von ihnen starb kurz nach der Geburt.

Orte: Torgau, Weimar, Mühlberg, Jena, Naumburg

Zum Weiterlesen: Joachim Bauer und Birgitt Hellmann (Hrsg.): *Verlust und Gewinn. Johann Friedrich I., Kurfürst von Sachsen.* Jena 2003

Auch das noch: Heinrich von Kleist zeichnet in seiner 1810 veröffentlichten Novelle »Michael Kohlhaas« den Kurfürsten als Gegenspieler von Hans Kohlhase nach.

Wolfgang von Anhalt-Köthen

»der Bekenner« / »der Standhafte«

*** 1. August 1492 in Köthen**
† 23. März 1566 in Zerbst

Förderer der Reformation

Wolfgang von Anhalt-Köthen wurde als Sohn des Fürsten Waldemar VI. und seiner Frau Margarete in Köthen geboren. Schon mit acht Jahren lernte er an der Universität Leipzig. Als sein Vater 1508 starb, übernahm der 16-jährige Wolfgang die Regierungsgeschäfte. Wenige Jahre später trat er in den Dienst der sächsischen Ernestiner und wurde kurz darauf zum Geheimen Rat. In dieser Funktion nahm er 1521 am Reichstag in Worms teil. Hier lernte er →Martin Luther kennen und ließ sich von dessen Auftreten beeindrucken. Später betonte er, Luther habe ihm »das Herz abgewonnen«.

Von nun an duldete er die Ausbreitung der Reformation auf seinem Gebiet. Da viele seiner Verwandten überzeugte Katholiken blieben, bekannte Wolfgang sich erst 1525 selbst zum neuen Glauben. Jetzt setzte er mit Hilfe einiger von Luther gesandter Prediger, Visitationen und neuen Kirchenordnungen die Reformation in seinen Gebieten aktiv um.

Im Bauernkrieg 1525 kämpfte Wolfgang gegen die aufständischen Bauern, nahm allerdings nicht an der Schlacht bei Frankenhausen teil, bei der die Bauern vernichtend geschlagen wurden. 1526 trat er dem Torgauer Bund, der ersten protestantischen Vereinigung, bei. Er war einer der Wortführer der Protestation auf dem Reichstag zu Speyer, einer der Mitunterzeichner des Augsburger Bekenntnisses und Gründungsmitglied des Schmalkaldischen Bundes. 1546 nahm er gemeinsam mit anderen protestantischen Fürsten am Schmalkaldischen Krieg teil. Nachdem die alte Burg der Stadt Köthen 1547 niedergebrannt war, zog Wolfgang nach Bernburg, wo er Jahre zuvor bereits das Schloss hatte umbauen lassen. Nach der

Schlacht bei Mühlberg 1547, in der die Protestanten unterlagen, wurde er vom Kaiser geächtet und musste sein Land verlassen. Er lebte eine Weile im Harz und wurde 1551 vom sächsischen Kurfürsten Moritz zum Gouverneur von Magdeburg ernannt. Als die Reichsacht 1552 aufgehoben wurde, erhielt Wolfgang sein Fürstentum offiziell zurück.

1562 trat er die Herrschaft und seine Gebiete an seine Cousins ab und lebte von nun an in sehr bescheidenen Verhältnissen zunächst in Coswig und ab 1564 in Zerbst. Dort starb Wolfgang von Anhalt-Köthen am 23. März 1566.

Familiäres: Wolfgang von Anhalt-Köthen blieb unverheiratet und kinderlos.
Orte: Köthen, Zerbst, Bernburg, Magdeburg, Coswig, Zerbst
Auch das noch: Lucas Cranach d. J. verewigte Wolfgang von Anhalt auf dem Bild »Das Abendmahl der Reformatoren«: Reformatoren sitzen in einem Saal des Dessauer Schlosses mit Jesus Christus am Tisch, im Hintergrund steht – neben anderen – Wolfgang von Anhalt-Köthen.

Johann von Staupitz

* um 1465 in Motterwitz
† 28. Dezember 1524 im Stift Sankt Peter in Salzburg

Theologe, Mönch, Förderer und Beichtvater Luthers

Staupitz war der Sohn einer adeligen Familie aus Sachsen und wurde 1490 in München Mitglied des Augustiner-Eremiten-Ordens. 1497 wurde er Prior in Tübingen, wo er sich noch im selben Jahr an der Universität einschrieb. 1500 erlangte Staupitz seinen Doktor der Theologie und wurde zwei Jahre später von Kurfürst → Friedrich III. als Gründungsprofessor nach Wittenberg gerufen. In den nächsten zehn Jahren war er Professor und erster Dekan der theologischen Fakultät. Zusätzlich war er ab 1503 Prior des Augustinerkonvents in München und wurde noch im selben Jahr Generalvikar der deutschen Observanten-Kongregation des Augustinerordens.

In dieser Funktion bemühte er sich um Reformen. So gab er der Kongregation neue Konstitutionen und versuchte sie vom Ordensgeneral unabhängig zu machen, indem er sich der Observanten-Kongregation der Lombardei anschloss. Die sogenannte Union von Vercelli wurde 1506 allerdings vom Papst annulliert. Staupitz widmete sich ab 1512 verstärkt den praktischen Aufgaben seines Vikariats.

Staupitz lernte → Martin Luther nach dessen Ordenseintritt in Erfurt kennen; als sein Beichtvater erkannte er Luthers Seelenpein und Selbstzweifel, aber auch sein großes Talent. Wenn der selbstkritische Luther zu ihm kam, erinnerte Staupitz ihn stets an die Gnade Gottes. Wahrscheinlich um ihn vor weiteren Grübeleien zu beschützen, versetzte er ihn 1508 an die Universität in Wittenberg. 1510 schickte er ihn zu Verhandlungen nach Rom. Er befreite Luther 1518 schließlich von der Gehorsamspflicht gegen den Augustinerorden und bestärkte ihn darin, vor Kardinal Cajetan aufzutreten. Die Freundschaft der beiden blieb lebenslang bestehen. Sein nachfolgendes Amt als Domprediger in Salzburg hatte Stau-

pitz nur ein Jahr lang inne. Er wechselte mit päpstlicher Genehmigung in den Benediktinerorden und starb am 28. Dezember 1524.

Orte: München, Wittenberg, Salzburg

Wichtiges Werk: *Von dem heiligen rechten christlichen Glauben*, 1525

Zitat: »Meine Liebe zu dir ist fest, aber du scheinst mir manches ganz Äußerliche zu verurteilen, das für Glauben und Gerechtigkeit nichts ausmacht.« *Staupitz an Luther 1524*

Zitat über ihn: »So hat mir Staupitz oft geraten: Wenn du über die Vorherbestimmung disputieren willst, so fang bei den Wunden Christi an, dann werden alle Gedanken darüber aufhören.« *Martin Luther 1522*

Zum Weiterlesen: A. Zumkeller: *Johann von Staupitz und die klösterliche Reformbewegung*, in: Analecta Augustiniana, 1989

Tafel am Haus Collegienstr. 54 (Augusteum)

Paul Speratus

Familienname Spret oder Hoffer

*** 13. Dezember 1484 in Rötlen**
† 12. August 1551 in Marienwerder (Kwidzyn)

Evangelischer Prediger, Reformator, Liederdichter

Speratus studierte seit 1503 erst in Freiburg im Breisgau, dann in Paris, Italien und Wien. Er erhielt insgesamt drei Doktortitel in Theologie, Jura und Philosophie. Im Jahr 1506 wurde er zum Priester geweiht und in den Jahren 1514 bis 1520 in dieser Rolle in Salzburg tätig, ehe er nach Dinkelsbühl kam. Noch im selben Jahr wechselte er an den Würzburger Dom und wurde zusätzlich Kanonikus am Stift Neumünster. Er wandte sich immer mehr der Reformation zu, da er in Dinkelsbühl einige Schriften von →Martin Luther studiert hatte und nun mit Luther-Sympathisanten im höheren Klerus in Kontakt kam. Schließlich entschied er sich zur Missachtung des Zölibats, weshalb er fliehen musste. Speratus kehrte nach Salzburg zurück und musste aber aus dem gleichen Grund weiterreisen. Er folgte 1522 einer Berufung nach Ofen und hielt auf dem Weg dorthin im Wiener Stephansdom eine Predigt, in der er das Zölibatsgelübde kritisierte. Daraufhin wurde er von der ansässigen theologischen Fakultät exkommuniziert.

Erstmals positiv aufgenommen wurden seine Predigten im mährischen Iglau, wodurch er dort eine Pfarrstelle erhielt. Der Bischof von Olmütz ließ ihn allerdings kurz darauf verhaften und zum Feuertod verurteilen. Speratus konnte über mehrere Gönner aushandeln, dass er stattdessen das Land verlassen durfte.

Er kam 1523 nach Wittenberg, wo er mehrere lateinische Lutherschriften ins Deutsche übersetzte und durch eigene Beiträge die Veröffentlichung von Luthers Gesangbuch förderte. Im Jahr 1524 wurde er von → Albrecht I. von Brandenburg-Ansbach in Königsberg (Kaliningrad) zum Schlosspre-

diger berufen. Dort half er eine Agende zu formulieren und beteiligte sich an Visitationen. Im Jahr 1527 gab Speratus zwei Gesangbücher heraus und motivierte auch andere zum Verfassen von Kirchenliedern. Ab 1530 bis zu seinem Tod war er einer der ersten lutherischen Bischöfe von Pomesanien in Marienwerder (Kwidzyn) in Preußen. In dieser Zeit arbeitete er energisch gegen Schwärmer und Sektierer.

Familiäres: Im Jahr 1520 entschied Speratus sich gegen die Ehelosigkeit und heiratete Anna Fuchs.

Orte: Salzburg, Würzburg, Ofen, Königsberg (Kaliningrad), Marienwerder (Kwidzyn)

Wichtiges Werk: Das Kirchenlied: *Es ist das Heil uns kommen her* (EG 342)

Zitat: »Es ist das Heil uns kommen her von Gnad und lauter Güte; / Die Werk, die helfen nimmermehr, sie können nicht behüten. / Der Glaub sieht Jesus Christus an, der hat für uns genug getan, er ist der Mittler worden.« Liedvers

Zum Weiterlesen: C. J. Cosack: *Paul Speratus Leben und Lieder*. Braunschweig 1861

Johannes Mathesius

* 24. Juni 1504 in Rochlitz
† 7. Oktober 1565 in Sankt Joachimsthal

Pfarrer, Reformator, Lehrer

Mathesius wurde von einem Hauslehrer und in der Ortsschule von Rochlitz ausgebildet. Als er zehn Jahre alt war, begann er als Hilfsschreiber im Bergwerk. Nach dem Verfall des Bergwerks und dem Tod seines Vaters 1521 entschloss er sich, als fahrender Schüler auf Wanderschaft zu gehen.

Mathesius besuchte eine Lateinschule in Nürnberg und verdiente als Chorsänger seinen Lebensunterhalt. Danach zog es ihn nach Ingolstadt, wo er sein Theologiestudium begann, das er aber wegen Geldmangels wieder abbrechen musste.

Er hielt sich mit verschiedenen Berufen über Wasser. Sein Interesse an der Reformation wurde durch die Lektüre der Schrift »Sermon von den guten Werken« von → Martin Luther geweckt. Später wanderte er sogar nach Wittenberg und schrieb sich an der Universität ein. In den nächsten drei Jahren besuchte er zahlreiche Vorlesungen, unter anderem bei → Philipp Melanchthon und → Johannes Bugenhagen, aber vor allem bei Luther selbst. Dann musste er sein Studium erneut wegen Geldmangels unterbrechen und wurde stattdessen Lehrer am Altenburger Gymnasium.

1532 wurde er als Rektor der Lateinschule in St. Joachimsthal angestellt und führte sie in den nächsten acht Jahren zu großem Ansehen. Dann zog es ihn allerdings zurück zum Studium nach Wittenberg. Er wurde zu einem Tischgenossen Luthers und zeichnete zwei Jahre lang dessen Tischreden auf. Auch mit Melanchthon pflegte er ein enges freundschaftliches Verhältnis und gewann ihn als prägenden Lehrer. Mathesius erwarb 1540 seinen Magister der freien Künste. Zwei Jahre später wurde er durch Luther selbst ordiniert und zog zunächst als Prediger und später als Pfarrer nach Joachimsthal. Er gründete als einer der ersten Pfarrer ein evange-

lisches Pfarrhaus. Seine Gemeinde wurde ein Musterbeispiel für Böhmen. Unter ihm wurden die erste Mädchenschule der Reformationszeit und die erste lutherische Predigtkirche gebaut.

Familiäres: Am 4. Dezember 1542 ehelichte Mathesius Sybilla Richter. Aus der Ehe gingen fünf Söhne und drei Töchter hervor.

Orte: Rochlitz, Joachimsthal, Nürnberg, Wittenberg

Wichtiges Werk: *Historien von des Ehrwürdigen in Gott Seligen thewren Mannes Gottes, Doctoris Martini Luthers, anfang, lehr, leben und sterben,* 1566

Zum Weiterlesen: Georg Loesche: *Johannes Mathesius – Ein Lebens- und Sitten-Bild aus der Reformationszeit.* Bd. I und II, Gotha, Perthes 1895 und 1971.

Heinrich von Zütphen

Heinrich Gelrie

* um 1488 in Zütphen (Zutphen)
† 10. Dezember 1524 in Heide

Evangelischer Märtyrer

Der Augustinermönch studierte ab 1508 in Wittenberg. Anschließend ging er zunächst nach Köln in das dortige Augustinerkloster, wo er 1514 Subprior wurde, und wechselte dann als Prior nach Dordrecht. Von den reformatorischen Gedanken begeistert, bemühte sich von Zütphen in diesem Sinne zu wirken und musste das Kloster daraufhin verlassen. Er ging zurück nach Wittenberg und nahm sein Studium wieder auf. 1521 wurde er Baccalaureus. In dieser Zeit verfasste von Zütphen Schriften zur Rechtfertigungslehre, gegen die Privatmesse und über Opfer und Priestertum. Er wurde Prior des Augustinerklosters in Antorf (Antwerpen), wo er gegen die Verfolgung der Protestanten und gegen einen Ablasshändler vorging. Deswegen wurde er 1522 verhaftet, aber von evangelischen Bürgern schnell wieder befreit. Von Zütphen floh nach Bremen, wo er als Prediger an der Ansgari-Kirche wirkte und sich um die Reformation in der Stadt bemühte.

1524 trat er aus dem Orden aus, ging nach Meldorf und versuchte, die Reformation in Dithmarschen voranzubringen. Der begabte Prediger fand auch hier schnell viele begeisterte Anhänger. Als die dort ansässigen Dominikaner nichts gegen den evangelischen Prediger auszurichten vermochten, wiegelten sie eine Gruppe von Menschen auf, die den Pfarrer überfiel und nach Heide verschleppte. Dort wollte man ihn ohne Gerichtsverhandlung auf dem Scheiterhaufen verbrennen. Von Zütphen wurde von der aufgebrachten Menge misshandelt und erschlagen. Da der Leichnam nicht brennen wollte, hackte man Kopf und Gliedmaßen ab und warf sie am nächsten Tag in ein neues Feuer, der Körper wur-

de unter Spottgesängen begraben. Als → Martin Luther von diesen Vorgängen erfuhr, verfasste er seine Schrift »Historie von Bruder Heinrich von Zütphens Märtyrtode«.

Orte: Köln, Dordrecht, Antorf (Antwerpen), Bremen, Meldorf, Dithmarschen

Zitat: »Vom Evangelium werde ich nicht schweigen, bis ich den Lauf dieses Lebens vollendet habe.«

Zitat über ihn: »Dieser Bösewicht hat gepredigt wider die Mutter Gottes und wider den christlichen Glauben, aus welcher Ursache ich ihn vonwegen meines gnädigsten Bischofs zum Feuer verurteile.« *Aus einem nachträglichen Gerichtsurteil gegen von Zütphen vom 11. Dezember 1524*

Zum Weiterlesen: Johann Friedrich Iken: *Heinrich von Zütphen*, Halle 1886

Auch das noch: In der Gedichtsammlung »Quickborn – Volksleben in plattdeutschen Gedichten von Klaus Groth« findet sich ein Gedicht über Heinrich von Zütphen. Es beginnt: »De Wächter reep. Ganz Möldorp slöppt, de Rȩgen pallscht in Ström‹. / Vunt Kloster glinstert noch en Licht gȩl dœr de Ipernböm....«

Jan Hus

*** um 1369 in Hussinec (Husinec Südböhmen)**
† 6. Juli 1415 in Konstanz (verbrannt)

Tschechischer Theologe und Reformator

Nach einem Studium an der Prager Universität legte Jan Hus 1396 sein Magisterexamen ab, 1400 empfing er die Priesterweihe. Er hielt Vorlesungen an der Prager Universität, an der er 1401 Dekan der philosophischen Fakultät und 1402 Rektor wurde; überdies wirkte er als Beichtvater am Hof König Wenzels IV. 1402 wurde er außerdem Prediger an der Prager Bethlehem-Kapelle, wo er statt auf Latein auf Tschechisch sprach, weil er der festen Überzeugung war, dass auch einfache Menschen ohne Lateinkenntnisse in der Lage seien, den Sinn der biblischen Botschaft zu verstehen. Tausende Menschen kamen, um seine Predigten zu hören.

Durch Hieronymus von Prag und tschechische Adelige, die in Oxford studiert hatten, lernte Jan Hus die Werke von →John Wyclif kennen, mit denen er sich sehr identifizierte. Er teilte die Kritik an der Korruption in der Kirche und am Ablasshandel und betrachtete wie Wyclif die Bibel als einzige Autorität in religiösen Fragen.

Hus genoss anfangs noch das Vertrauen des Erzbischofs Sbynko von Hasenburg. Das änderte sich zunehmend, je energischer er den Klerus an den Pranger stellte. Beschwerden über den streitbaren Theologen führten dazu, dass Erzbischof Sbynko Hus 1408 seiner Stellung als Synodalprediger enthob und immer stärker zu dessen Gegner wurde. Um der Prager Reformbewegung Herr zu werden, erbat Sbynko von Papst Alexander V., einem der drei Gegenpäpste, eine Bulle. Diese wurde im März 1410 veröffentlicht; sie verurteilte Wyclifs Schriften. Hus appellierte an den Papst und setzte seine Predigten fort, Sbynko antwortete damit, dass er im Juli 1410 über Wyclif und seine Anhänger den Bann aussprach. Über Hus wurde ein Predigtverbot verhängt, das der allerdings ignorierte.

Als Johannes XXIII. ab 1412 in Böhmen Ablässe verkaufen ließ, um sich gegen seine Kontrahenten zu rüsten, entfachte Hus eine so leidenschaftliche Agitation gegen diesen Gegenpapst und das Papsttum als solches, dass einige seiner früheren Sympathisanten zunehmend von ihm abrückten. Viele seiner wichtigsten Unterstützer verloren ihre Stellungen. Vom Papst mit dem Bann belegt, musste Jan Hus aus Prag fliehen. Er zog sich auf die Burg adeliger Freunde zurück, wo er 1413 sein Hauptwerk »Über die Kirche« verfasste.

König Sigismund, seit 1410 Herrscher des Römischen Reiches, forderte den tschechischen Prediger auf, nach Konstanz zu reisen, um auf dem dortigen Reformkonzil (1415–1418) seine Thesen zu rechtfertigen. Aufgrund einer königlichen Zusage auf freies Geleit hoffte Hus, seine Überzeugungen rechtfertigen zu können, wurde aber – trotz des Versprechens – festgenommen.

Bei seiner Vorladung lehnte er es ab, die Lehrautorität des Konzils anzuerkennen und verweigerte den Widerruf seiner kirchenkritischen Schrift. Das Konzil gab ihm keine Gelegenheit zu einer eingehenden Rechtfertigung seiner Thesen, sondern verlangte schlicht den öffentlichen Widerruf und die Abschwörung. Weil er bei seiner Überzeugung blieb, dass die Kirche eine nicht-hierarchische Versammlung der durch Prädestination Erwählten sei, als deren Haupt er nur Christus anerkennen könne, wurde Jan Hus als Ketzer zum Feuertod verurteilt und am 6. Juli 1415 auf dem Scheiterhaufen verbrannt. Seine Hinrichtung löste 1419 die verheerenden, langjährigen Hussitenkriege zwischen den tschechischen Protestanten und kaiserlichen Truppen aus.

Familiäres: Jan Hus stammte aus einfachen Verhältnissen, sein Vater war ein Fuhrmann.
Orte: Prag, Konstanz
Zitat: »Die Bibel ist ganz wahr und hinreichend zur Seligkeit des Menschengeschlechts.«
Wichtiges Werk: *De Ecclesia (Über die Kirche),* 1413
Zum Weiterlesen: Arnd Brummer: *Jan Hus. Warum ein frommer Katholik auf dem Scheiterhaufen endete*. Berlin 2015
Auch das noch: Zum Auftakt des Heiligen Jahres 2000 bat Papst Johannes Paul II. um Vergebung für die Leiden, die der Reformator und seine Anhänger ertragen mussten, und würdigte den »sittlichen Mut« von Jan Hus. Sein Todestag (6. Juli) ist seit 1925 tschechischer Nationalfeiertag.
Die Gans Hus und der Schwan Luther:
Vor seiner Hinrichtung soll Hus in Anspielung auf seinen Namen (der tschechisch »Gans« bedeutet) gesagt haben: »Heute bratet ihr eine Gans, aber aus der Asche wird ein Schwan entstehen«. Diesen Spruch bezog man Früh auf Martin Luther, der deshalb bisweilen mit einem Schwan abgebildet wird.

Girolamo Savonarola

Hieronymus Savonarola

*** 21. September 1452 in Ferrara, Italien**
† 23. Mai 1498 in Florenz, Italien

Italienischer Dominikaner und Bußprediger

Savonarola wurde als Sohn eines Geschäftsmannes in Ferrara geboren. Wie sein Großvater sollte er eigentlich Arzt werden. Also begann er Medizin zu studieren. Im Alter von 22 Jahren brach er sein Studium jedoch ab und wurde in Bologna Mitglied des Dominikanerordens, um künftig als »vernünftiger Mensch« zu leben. Noch im gleichen Jahr legte er sein Gelübde ab. Nach seiner Predigerausbildung wirkte er in Ferrara und Florenz. Seit 1482 trat er als Bußprediger auf, der den Lebenswandel des Adels, der reichen Bürgerschaft und des Klerus scharf kritisierte, Kirchenreformen forderte und damit beim Volk auf offene Ohren stieß. 1487 verließ er Florenz und predigte einige Jahre lang in verschiedenen oberitalienischen Städten, bis er 1490 zurückkehrte und ein Jahr später zum Prior des Klosters San Marco gewählt wurde.

Durch private Offenbarungen angetrieben, gewannen seine Predigten zunehmen apokalyptischen Charakter. Savonarola prangerte das sündige Verhalten, die Glaubensferne und den ausschweifenden Lebenswandel seiner Zeitgenossen an, kritisierte den moralischen Verfall der Kirche und stellte den Menschen das nahe Weltende vor Augen. Außerdem versuchte er das Klosterleben zu reformieren. Die Brüder sollten sich wieder streng an die Ordensregeln halten und vor allem dem Armutsideal ernsthaft folgen. Der Dominikanerorden sollte zu einem Vorreiter der christlichen Erneuerung Italiens werden.

Savonarolas Aufrufen folgend vertrieb das Volk 1492 Lorenzo de' Medici aus der Stadt. 1494 wurde Florenz vorübergehend von König Karl VIII. von Frankreich besetzt. Savonarola wurde zum politischen Führer der Stadt.

Karl VIII. erschien Savonarola als potentieller Erneuerer der Kirche. In seinen Predigten sprach er nun nicht mehr so sehr von einem Weltende, sondern von einer Wende, die Karl VIII. als Werkzeug Gottes herbeiführen werde. Auch von einer Absetzung des Papstes Alexander VI. träumte er. Nachdem Karl VIII. die Stadt wieder verlassen hatte, gab Savonarola Florenz eine demokratische Verfassung auf religiöser Basis und strebte eine moralische Erneuerung der Gesellschaft an.

Unter dem Druck seiner Gegner und von Seiten des Papstes und der Kurie, denen der unbequeme Mahner zunehmend lästig wurde, verlor Savonarola seit 1495 langsam an Einfluss. Alexander VI. bezichtigte ihn der Ketzerei und der falschen Prophetie und verhängte ein Predigtverbot über Savonarola, an das der sich aber nicht lange hielt. Noch schärfer kritisiere er nun den Sittenverfall in Rom. 1497 wurde er vom Papst wegen Ketzerei und Ungehorsams exkommuniziert. Savonarola griff Alexander VI. daraufhin noch heftiger an, bezichtigte den Papst gar des Atheismus. Alexander drohte den Florentinern mit einem Verbot aller kirchlichen Handlungen in der Stadt, wenn sie Savonarola nicht endlich zum Schweigen brächten. Das brachte die Stimmung zum Kippen.

Am 8. April 1498 wurde Savonarola von seinen Gegnern im Rat der Stadt verhaftet. Bereits einen Tag später begann der Prozess. Unter Folter erzwungene Geständnisse, er habe die Menschen getäuscht, widerrief Savonarola. Dennoch wurde er als Ketzer verurteilt und am 23. Mai 1498 zusammen mit zwei seiner Ordensbrüder gehenkt und anschließend verbrannt. Seine Asche streute man in den Arno.

Orte: Ferrara, Florenz, Bologna

Zitat: »Als nun der allmächtige Gott sah, wie bei den geistlichen und weltlichen Fürsten Italiens die Sünden sich immer mehr aufhäuften und er sie nicht länger ertragen wollte, da fasste er den Entschluss, seine Kirche gewaltig heimzusuchen.«

Zitat über ihn: »Hat Italien irgendeinen politischen Reformator gehabt, den ihr euch ohne Verehrung vor dem Mysterium der Messe denken könnt? Selbst Savonarola war kein Hus und kein Luther. Der frostige Gedanke des Zweifels konnte nie die Oberherrschaft über Gemüter gewinnen, die nur Phantasie und Leidenschaft sind.« *Karl Gutzkow (1861)*

Zum Weiterlesen: Ernst Piper: *Savonarola. Prophet der Diktatur Gottes,* München 2009

Johannes Calvin

***10. Juli 1509 in Noyon**
† 27. Mai 1564 in Genf

Genfer Reformator, »Kirchenvater« der reformierten Kirche

Als schweigsam, ernst und zurückhaltend wird Jean (so lautet sein Geburtsname) als Kind beschrieben. Sein Vater war ein autoritärer Mann; an der Hand der Mutter lernte Jean die katholische Frömmigkeit kennen.

Mit 14 schickte ihn der Vater zum Studium nach Paris. Unter martialischen Bedingungen zog Johannes mit eiserner Disziplin das Studium bis zum »Magister Artium« durch. Der Vater ordnete an, Johannes möge Rechtswissenschaft studieren – Calvin folgte dem Wunsch und zog nach Orléans. Ihm fehle »jede Aufheiterung durch Freude«, beschrieb ein Freund den übereifrigen Studenten, »der schon vor der Zeit durch Nachdenken und Studium alterte«. Calvins Weg führte ihn in Richtung Humanismus. Mit den Philosophen beschäftigte er sich, mit Kirchenvätern und Luthers Schriften. Freude fand er darin, die herrschende Kirche und Theologie zu sezieren und sie genüsslich zu widerlegen – nicht als eitler Besserwisser, sondern unter Verweis allein auf die Bibel. Johannes verkehrte in protestantischen Untergrundkreisen in Paris; 1533 zeigte er öffentlich seine Sympathien für die Reformation und musste fliehen – sein Deckname: »Charles d'Espeville«.

Er wurde Teil eines evangelischen Netzwerkes, lernte Faber Stapulensis kennen, fand Unterschlupf bei Margarethe von Navarra und floh schließlich über Straßburg nach Basel. Dort fand er Zeit für Studien und fasste seine theologischen Erkenntnisse in einem Buch zusammen, der »Institutio Christianae Religionis« (»Unterricht in der christlichen Religion«). Von der »verderbten Natur« des Menschen ist da die Rede, von »gerechter Verdammnis« und von Erwählung. Die

Vorsehung (Prädestination), die Erwählung des Menschen, ist einer der Zentralbegriffe in Calvins Theologie. In doppelter Hinsicht habe Gott die Menschen erwählt, betonte er: die einen zum Heil, die anderen zum Verderben. Dieser Glaube an die Erwählung verlieh den verfolgten Protestanten eine Gewissheit, die stärker war als die Drohgebärden der Papstkirche und die Marter der Verfolger. »Wir haben keine andere Zuflucht als diese Vorsehung«, waren sie überzeugt.

1536 drängte der Genfer Rat Calvin, der auf der Durchreise war, in der Stadt zu bleiben und die Kirche neu aufzubauen. Nach zwei Jahren kam es zum Zerwürfnis. Calvin ging nach Straßburg, wurde Pastor für die protestantischen Flüchtlinge und heiratete Idelette de Bure. 1541 warb Genf abermals um ihn. Er willigt ein und versuchte mit seinen Mitstreitern Theodore de Bèze und Guillaume Farel, eine kirchliche gesittete Gemeinschaft aufzubauen. Wieder waren seine Methoden rigide und umfassten auch den Ausschluss vom Abendmahl und die Verbannung. Gleichzeitig gründete Calvin eine Universität, die von Theologen aus vielen europäischen Ländern besucht wurde. Calvin schätzte

→ Martin Luther und sah sich mit ihm eins in dem Ansinnen, den »Aberglauben« der »Papisten« zu enthüllen und den Gläubigen eine dem Evangelium angemessene Alternative zu bieten. Jedoch lehnte er die von Luther behauptete substanzielle Verwandlung von Wein und Brot in Blut und Leib Christi ab. Zu einem Treffen zwischen den beiden Reformatoren kam es nie.

In Genf nahmen Auseinandersetzungen zwischen Glaubensflüchtlingen und Einheimischen zu. Auch zwischen dem Rat der Stadt und der von Calvin vertretenen Kirche kam es zu Streitigkeiten. In dieser Situation wurde 1553 der als Ketzer gesuchte spanische Humanist Michael Servet in Genf gesichtet und festgenommen. Calvin händigte dem Gericht belastende Akten aus und trug so wesentlich zum Todesurteil gegen Servet bei. Johannes Calvin starb 1564 als umstrittener, gleichwohl erfolgreicher Kirchenreformer und hochangesehener Theologe.

Orte: Noyon, Paris, Orléans, Straßburg, Basel, Genf

Zitat: »Ein Hund bellt, sobald er seinen Herrn angegriffen sieht. Ich wäre wohl lasch, wenn ich angesichts eines Angriffs gegen die Wahrheit Gottes verstummen würde.«

Zitat über ihn: »Der Calvin der Ketzerverbrennungen ist durch nichts zu entschuldigen. Und doch macht eine milde Grundtönung den nach außen kalt und schroff wirkenden Calvin immer wieder sympathisch.« *Klaas Huizing*

Wichtiges Werk: *Institutio Christianae Religionis* (*Unterricht in der christlichen Religion*)

Zum Weiterlesen: Uwe Birnstein: *Der Reformator. Wie Johannes Calvin Zucht und Freiheit lehrte.* Berlin 2009

Auch das noch: Calvins Grab ist unbekannt, er hatte verfügt, keinen Grabstein aufzustellen. Ihm ging es um die Ehre Gottes, die Verehrung seiner eigenen Person wollte er verhindern.

GLASFENSTER

III

Hans Tausen

*** 1494 in Birkende auf Fünen**
† 11. November 1561 in Ribe (Ripen)

Dänischer Reformator und Bibelübersetzer

Hans Tausen lernte in den Lateinschulen in Odense und Slagelse und trat 1515 in das Johanniterkloster in Antvorskov ein. Im Jahr darauf studierte er an den Universitäten in Rostock und Löwen, später auch in Wittenberg, wo er →Martin Luther traf und sich von dessen Lehren begeistern ließ. 1519 schloss er sein Studium mit dem Magistergrad ab und kehrte ins Kloster nach Antvorskov zurück, das er aber wegen seiner reformatorischen Einstellung schon bald wieder verlassen musste. Er ging 1528 als Prediger nach Viborg auf Jütland und wirkte auch dort im reformatorischen Sinne. Trotz der Gegenwehr des Bischofs fand er unter dem Schutz König Friedrichs I. schnell viele Anhänger. Er führte dänischsprachige Gesänge ein und übersetzte Luthers Schriften ins Dänische.

Tausen wechselte 1529 als Prediger an die Nikolaikirche in Kopenhagen. Auch hier wirkte er auf die Verbreitung einer dänischen Bibelübersetzung hin. 1530 gab es einen Disput zwischen den Altgläubigen und den Evangelischen. Die reformierte Seite brachte ein vermutlich von Tausen verfasstes Bekenntnis in 43 Artikeln vor und erreichte die Duldung der Protestanten in Dänemark. Fortan standen Protestanten wie Katholiken unter dem Schutz des Königs. Nach dem Tod König Friedrichs I. gewannen die Katholiken kurzzeitig die Oberhand, doch König Christian III. setzte die Reformation dann vollständig um. Die evangelische Kirche wurde zur Staatskirche Dänemarks. In dieser Zeit übersetzte Tausen die fünf Bücher Mose ins Dänische, wirkte an der Erstellung der neuen Kirchenordnung mit und war 1537 an der Reformation der Universität in Kopenhagen beteiligt. Anschließend zog er nach Roskilde. Von →Johannes Bugenhagen wurde er 1542 zum Bischof von Ribe (Ripen) geweiht, wo er bis zu seinem Tod 1561 als Prediger lebte.

Orte: Antvorskov, Viborg, Kopenhagen, Roskilde, Ribe (Ripen), Wittenberg

Wichtiges Werk: *En Haandbog for sogne praester*, 1535

Zum Weiterlesen: Poul Georg Lindhardt: *Skandinavische Kirchengeschichte seit dem 16. Jahrhundert.* Göttingen 1997

Auch das noch: Vor dem Dom zu Ribe befindet sich ein Standbild des Reformators.

Matthias Devai

Matthias Biró, »Luther von Ungarn«

*** um 1500 in Diemrich (Déva, Siebenbürgen)**
† 1545 in Debrezin (Debrecen)

Ungarischer Reformator

Im Alter von 23 Jahren begann Devai sein Studium in Krakau. Er wurde im Anschluss zunächst Ordenspriester und ab 1527 Burgkaplan in Bödökö. Die Anfänge der Reformation in Ungarn bewogen ihn zu einem Umzug nach Wittenberg. Hier immatrikulierte er sich Ende 1529 und wurde ein Haus- und Tischgenosse → Martin Luthers. Etwas über ein Jahr später zog er nach Ofen und wurde dort für die Reformation tätig. Hier verfasste er eine Abhandlung über die Bedeutungslosigkeit der Heiligenverehrung und 52 Thesen zu den Grundgedanken der Reformation.

Im Herbst 1531 wurde Devai zum Prediger in Kaschau berufen. Er predigte nach evangelischer Lehre und drängte auf die Reform der Kirche. Ein paar Monate später wurde er auf Befehl König Ferdinands I. verhaftet und über Umwege nach Wien gebracht, wo er sich beim Verhör durch Bischof Johannes Faber erfolgreich verteidigte. Devai kam frei und kehrte nach Ofen zurück, wo er erneut verhaftet wurde. Diesmal blieb er drei Jahre in Haft und danach suchte er Schutz bei Graf Thomas Nádasdy in Sárvár. Während dieser Zeit formulierte er eine Streitschrift gegen Gregor Szegedy, der seine Thesen kritisiert hatte. Sie wurde nach seiner Rückkehr nach Deutschland 1536 mit einer Erweiterung um das Verhör durch Faber veröffentlicht.

Im nächsten Jahr kehrte Devai nach Ungarn zurück. Er führte ein Schreiben → Philipp Melanchthons mit sich, das Nádasdy überzeugen sollte, Devai und dessen Freund Johannes Sylvester seine Unterstützung zukommen zu lassen. Beide waren sich einig, dass die Reformation am besten durch Schulen und Literatur vorangetrieben werden könne. Devai errichtete eine Buchdruckerei und verfasste eine ungari-

sche Elementargrammatik. In den nächsten Jahren war er als wandernder Reformator und Prediger in der Gegend der Donau und der Theiß unterwegs und gleichzeitig Schulrektor in Szikszó. Als die Türken 1541 in Ungarn eindrangen, floh er nach Wittenberg. Von dort zog er weiter nach Basel und wandte sich der Schweizer Reformation zu. In sein Vaterland kehrte er anderthalb Jahre später zurück und wirkte erst als Prediger in Miskolcz und später als Senior in Debrezin (Debrecen) im Sinne des Calvinismus.

Orte: Wittenberg, Ofen, Kaschau (Košice), Ujsziget, Miskolcz, Debrezin (Debrecen)

Wichtiges Werk: *Orthographia Ungarica*, vermutlich 1537 in Ujsziget

Olaus Petri

Olof Petterson

* 1493 in Örebro
† 1552 in Stockholm

Laurentius Petri

Lars Peterson

* 1499 in Örebro
† 1573 in Uppsala

Olaus Petri war schwedischer Theologe und Reformator, sein Bruder Laurentius erster evangelischer Erzbischof von Uppsala

Olaus Petri und sein jüngerer Bruder Laurentius brachten die Reformation nach Schweden. Ihr Vater war Schmied. Beide studierten unter anderem in Wittenberg, wo → Martin Luther und → Philipp Melanchthon zu ihren Lehrern gehörten.

Olaus wurde Sekretär des später als Ketzer hingerichteten Bischofs von Strängnäs Matthias Gregersson Lilje. Zum Diakon geweiht übernahm er das Predigeramt am Dom in Strängnäs. Schnell wurde bekannt, dass er der lutherischen Lehre zugeneigt war und die katholische Kirche sprach einen Kirchenbann über ihn aus. Doch der schwedische König Gustav Wasa förderte ihn und holte ihn 1524 als Stadtsekretär und Prediger der St.-Nikolai-Kirche nach Stockholm.

Im folgenden Jahr veröffentlichte Olaus Petri die erste reformatorische Schrift für Schweden unter dem Titel »Eine nützliche Unterweisung«. 1528 gab er ein Gesangbuch heraus. Er übersetzte das Neue Testament und Schriften Luthers ins Schwedische.

König Gustav Wasa ernannte ihn 1531 zu seinem Kanzler. Dieses Amt übte Olaus aber nur zwei Jahre lang aus. Zunehmend geriet er in Konflikt mit dem König, weil dieser

Kirchenschätze in staatlichen Besitz überführte und seine Kontrolle über die Kirche ausbauen wollte. 1540 ließ der König ein Todesurteil über Olaus Petri sprechen, das er jedoch nach Protesten in eine Geldstrafe umwandelte. 1541 verzieh er Olaus. Der übernahm, nachdem er 1539 zum Pfarrer ordiniert worden war, das Predigeramt in einer Stockholmer Gemeinde. In seinen letzten Lebensjahren zog er sich aus der Öffentlichkeit zurück und schrieb unter anderem ein Schauspiel zum apokryphen Buch Tobit, das als erstes schwedisches Theaterstück gilt.

Sein Bruder Laurentius wurde nach seiner Rückkehr aus Wittenberg Lehrer und später Professor in Uppsala. 1527 wurde er zum Priester geweiht.

Auf dem Reichstag von Västerås 1527 wurde die Entscheidung, die Reformation im Land durchzusetzen, bekräftigt. Der endgültige Bruch mit Rom erfolgte aber erst 1531, als König Gustav Wasa durchsetzte, dass der 32-jährige Laurentius Petri zum ersten evangelischen Erzbischof von Uppsala und damit zum obersten Bischof der schwedischen Kirche ernannt wurde. Gemeinsam mit seinem Bruder übersetzte Laurentius die Bibel und Schriften Luthers ins Schwedische. Nachdem Olaus seine politische Karriere aufgeben musste, trieb Laurentius die Reformation und die Organisation der evangelischen Kirche alleine voran. Als Calvins Lehren in den 1560er Jahren in Schweden an Einfluss gewannen, veröffentlichte Laurentius zahlreiche Schriften, in denen er sich für das Luthertum stark machte. 1572 wurde die von ihm verfasste Kirchenordnung durch den Kirchentag in Uppsala angenommen. Nach 42 Jahren im Bischofsamt starb er 74-jährig.

Familiäres: Als erster Priester Schwedens und im selben Jahr wie Martin Luther (1525) heiratete Olaus Petri. Laurentius ging 1531 eine Ehe mit Elisabeth Didriksdotter, einer Tochter der Cousins des Königs, ein. Er war der erste verheiratete Erzbischof Schwedens.

Ort: Stockholm, Uppsala, Wittenberg

Wichtiges Werk: Olaus Petri verfasste eine Gottesdienstordnung, die *Swenska Messan* (1531). Auch an der Übersetzung der Bibel, die 1541 als Gustav-Wasa-Bibel erschien, war er beteiligt. Laurentius Petri schuf eine Kirchenordnung, auf der das bis 1999 geltende Staatskirchenprinzip in Schweden fußte. 1572, ein Jahr vor seinem Tod, wurde sie rechtsgültig.

Zum Weiterlesen: Hans Ulrich Bächtold, Hans-Peter Naumann (Hrsg.): *Olavus Petri und die Reformation in Schweden*. Zug 2002

Auch das noch: In seinem Stück »Meister Olof« (1881), das ihm den Durchbruch als Dramatiker bescherte, schreibt August Strindberg über Olaus Petri.

1542 gab Laurentius ein Gesangbuch heraus, in das auch zahlreiche von ihm selbst gedichtete Kirchenlieder Eingang fanden.

Michael Agricola

Mikael Olavinpoika, »Sohn des Olav«

*** um 1509 in Pernaja/Perna**
† 9. April 1557 auf der Uusikirkko/Nykyrka

Finnischer Theologe, Reformator, »Vater der finnischen Literatursprache«

Agricola wuchs als Sohn eines Bauern im südlichen Finnland zweisprachig mit Schwedisch und Finnisch auf. Er besuchte die Lateinschule bei Johannes Erasmus und kam dadurch in ersten Kontakt mit dem Humanismus und der Reformation. Im Jahr 1528 wurde er ordiniert und dann Sekretär des Bischofs Martin Skytte, des ersten evangelischen Bischofs Finnlands. Von Skytte wurde Agricola 1536 zum Studium nach Wittenberg geschickt. Dort war er Schüler von →Melanchthon, →Bugenhagen und →Luther. Bereits drei Jahre später erlangte er seinen Magistergrad und ging zurück nach Finnland. Wieder in Turku, wurde er Kanoniker im Domkapitel und Rektor der Lateinschule, bis er 1548 Koadjutor und zwei Jahre später Nachfolger des Bischofs Skyttes wurde. Agricola wird unter anderem auch als »Vater der finnischen Literatursprache« bezeichnet. Denn im Zuge der Reformation in Finnland und Schweden wurde es immer wichtiger, dem Volk den Glauben in der eigenen Sprache nahezubringen. Agricolas erstes Werk war zugleich das erste in finnischer Sprache gedruckte Buch: das ABC-Kiria, ein Katechismus für Anfänger. Daneben entsprangen seiner Feder noch ein Gebetbuch, eine Bearbeitung der Messeliturgie, eine Übersetzung der Psalmen und sein wichtigstes Werk: die Übersetzung des Neuen Testamentes.

Außerdem wirkte Agricola als Politiker und Diplomat. Er war an den Friedensverhandlungen zwischen Schweden und Russland am Hof Iwans des Schrecklichen beteiligt und starb auf seiner Rückreise von dort. Michael Agricola wurde in der Domkirche von Viipuri/Wiborg begraben.

Familiäres: Agricola ehelichte Birgitta Olavintytär um 1550. Der einzige Sohn dieser Ehe, Christian Agricola, wurde in der Domkirche von Uppsala zum Bischof von Reval geweiht.

Orte: Turku/Åbo, Wittenberg, Russland

Zitat über ihn: »Michael Agricola, freilich noch ein junger Mann, aber ausgezeichnet durch Gelehrsamkeit, Gaben und Sitten.« *Martin Luther 1539*

Wichtiges Werk: Die Übersetzung des Neuen Testaments ins Finnische: *Se Wsi Testamenti*, 1548

Auch das noch: Der finnische Dichter Paavo Haavikko schreib das Drama »Agricola und der Fuchs«. Darin stellt er Agricolas Rolle im Machtkampf zwischen Schweden und Russland heraus.

Tafel im Hof der Leucorea

Petrus Martyr Vermigli

Pietro Mariano Vermigli

*** 8. September 1499 in Florenz**
† 12. November 1562 in Zürich

Italienischer Mönch, Priester, reformierter Theologe, Humanist

Vermigli wurde als Sohn eines Schuhmachers in Florenz geboren und trat schon im jungen Alter von 15 Jahren in das Kloster der regulierten Augustinerchorherren ein. Er studierte an der Universität von Padua Theologie und erhielt 1526 seine Priesterweihe. Im Jahr 1533 wurde er Abt des Klosters San Giuliano in Spoleto und bereits 1537 Prior des Klosters San Petri in Neapel, wo ihm der Spiritualist Juan de Valdés begegnete.

Für die Reformation sprach er sich in Neapel und Lucca seit 1541 aus, während er im Kloster San Frediano als Prior tätig war. Er gründete in dieser Zeit eine theologische Schule.

Als Folge seiner reformatorischen Propaganda wurde er von der – wieder neu eingeführten – Inquisition bedroht und floh 1542 nach Zürich und Basel. Bis 1547 arbeitete er in Straßburg als Professor für das Alte Testament. In dieser Funktion kam er in Kontakt mit → Martin Bucer. 1547 wurde er Lehrer in Oxford, von wo er allerdings 1553 vor der blutigen Maria I. Tudor wieder nach Straßburg floh. Dort trat er eine Ethik- und Theologieprofessur an. Wegen seiner dezidiert reformierten Theologie kam es jedoch zu Streitigkeiten mit Johannes Marbach, der Straßburg in eine stärker lutherische Richtung führte. Daraufhin zog Vermigli im Jahr 1556 weiter nach Zürich. An der theologischen Schule Zürichs wurde er nach dem Ruf Heinrich Bullingers zum Nachfolger Konrad Pellikans. Vermigli pflegte engen Kontakt zu den Glaubensflüchtlingen aus Italien und predigte auch manchmal in der Kirche St. Peter für die italienischsprachige Gemeinde Zürichs.

Familiäres: Vermigli heiratete 1545 in erster Ehe Catherine Dammartin. Seit 1559 war er mit Caterina Merenda verheiratet. Ob aus einer der Ehen Kinder hervorgegangen sind, ist nicht bekannt.

Orte: Straßburg, Oxford, Zürich

Wichtiges Werk: *Loci communes theologici*

Zum Weiterlesen: Christoph Strohm: *Vermigli, Pietro Martire*. In: TRE Bd. 34. Berlin/New York 2002

Thomas Cranmer

* 2. Juli 1489 in Aslacton
† 21. März 1556 in Oxford

Erzbischof von Canterbury, anglikanischer Reformator, starb auf dem Scheiterhaufen

Cranmer studierte in Cambridge und arbeitete am Jesus College. 1523 wurde er Doktor der Theologie und bekam eine Professur. In die Affäre um die Scheidung → Heinrichs des VIII. von Katharina von Aragón war Cranmer verwickelt: Er riet dazu, Universitätsgutachten einzuholen und ihnen zu folgen, ohne auf eine Entscheidung des Papstes zu warten. Der König vertraute ihm von da an und schickte Cranmer mit einer Gesandtschaft nach Deutschland, wo er sich mit deutschen Reformatoren austauschte und eine heimliche Ehe mit der Nichte Andreas Osianders einging. Außerdem ernannte ihn der König zum Nachfolger des Erzbischofs William Warham von Canterbury. 1533 erklärte Cranmer die Ehe

Heinrichs VIII. mit Anne Boleyn für gültig und damit die Scheidung von Katharina von Aragón als rechtmäßig. Der Papst sprach den Bann aus. Heinrich VIII. reagierte, indem er sich von Rom lossagte und sich selbst zum Oberhaupt der Church of England erklärte. Gegen den Widerstand von katholischer Seite trieb Cranmer die Reformation in England voran. 1549 erschien das von ihm zusammengestellte »Book of Common Prayer«, die noch heute gültige Agende der Anglikanischen Kirche.

Unter Maria I. begann 1553 der Versuch der Rekatholisierung Englands. Cranmer wehrte sich heftig gegen die Wiedereinführung der katholischen Messe und wurde festgenommen. Unter Folter widerrief er zunächst, nahm den Widerruf dann aber öffentlich wieder zurück. Daraufhin verurteilte man ihn zum Tod auf dem Scheiterhaufen. Thomas Cranmer starb 1556 in Oxford den Feuertod.

Familiäres: In Deutschland nahm Cranmer in heimlicher Ehe die Nichte Andreas Osianders zur Frau.

Orte: Cambridge, London

Zitat: »Oh! diese unwürdige rechte Hand, Herr Jesus, empfange meinen Geist.« *(Auf dem Scheiterhaufen hielt er die rechte Hand, mit der er den Widerruf unterschrieben hatte, zuerst ins Feuer.)*

Wichtiges Werk: Book of Common Prayer. Für die erste Ausgabe 1549 war Cranmer maßgeblich verantwortlich, noch im selben Jahr wurde sie von Eduard VI. landesweit eingeführt. Das Buch erfuhr mehrfache Überarbeitungen und ist bis heute die Agende der Anglikanischen Kirche.

Zum Weiterlesen: Diarmaid McCulloch: *Thomas Cranmer: A Life*, Yale 1996

Auch das noch: Eric Malpass verfasste einen historischen Roman über Thomas Cranmer: *Thomas Cranmer oder die Kraft der Schwäche*, 1994.

Gaspard de Coligny

* 16. Februar 1519 in Châtillon-sur-Loing
† 24. August 1572 in Paris

Französischer Adliger, Admiral, Hugenottenführer

Die Militärlaufbahn war Gaspard als Sohn eines Marshalls in die Wiege gelegt worden. Er wurde bereits mit 28 Jahren Colonel général der Infanterie, vier Jahre später Gouverneur von Paris und der Île-de-France und 1552 Admiral von Frankreich. 1557 verbrachte er zwei Jahre als Gefangener der Spanier erst in Sluis und dann in Gent, bis er gegen Zahlung eines beachtlichen Lösegelds freikam.

In dieser Zeit trat er auch zum Calvinismus über. Auf der Versammlung der Generalstände in Orléans im Dezember 1560 erreichte Coligny die Duldung der Protestanten und organisierte ein Religionsgespräch für das nächste Jahr, das aber erfolglos blieb. Nach der Ermordung vieler französischer

Protestanten während des sogenannten Blutbades von Vassy 1562 begannen die Religionskriege. Coligny kämpfte als Feldherr und Führer der Hugenotten gegen die Katholiken. Ihm ist es zu verdanken, dass sich der Protestantismus trotz einiger Rückschläge in Frankreich erhalten konnte.

Trotz alledem war er immer bemüht um eine Verständigung mit König Karl IX. Coligny war überzeugt, dass der König den Protestanten gegenüber im Grunde wohlgesinnt war, und traf ihn häufig zu heimlichen Gesprächen. Katharina de Medici, die Mutter des Königs, fürchtete jedoch den wachsenden Einfluss Colignys auf ihren jungen Sohn und missbilligte den Kontakt. Deshalb plante sie die Ermordung Colignys.

Am 22. August 1572, als er auf dem Rückweg von einer Audienz beim König war, fiel ein Schuss, der seine beiden Hände verletzte. Coligny warnte den König vor dem Einfluss seiner Mutter. Als sie davon erfuhr, wurde ihr Hass auf ihn und die Protestanten nur noch größer. Sie sorgte für die Ermordung vieler Hugenotten und ihrer Anführer in der sogenannten Bartholomäusnacht vom 23. auf den 24. August 1572, in der auch Coligny den Tod fand. Gegen Morgen drangen bewaffnete Männer in das Zimmer ein, in dem Coligny gerade Calvins Kommentar zum Hiobbuch gelesen haben soll. Sie töteten Coligny, schlugen ihm den Kopf ab und hängten den Leichnam später auf dem Richtplatz an den Galgen, der Verbrechern gegen Staat und König vorbehalten war. Zwei Tage lang hielt der Blutrausch in Paris an dann griff er auf die Provinzen über und kostete insgesamt 20 000 Menschen das Leben.

Familiäres: Seine Urenkelin Luise Henriette von Oranien war die erste Ehefrau des Großen Kurfürsten Friedrich Wilhelm.

Orte: Paris, St. Quentin, Normandie

Auch das noch: Gaspard wird erwähnt in den Romanen Heinrich Manns über Heinrich IV., in einer Novelle von Conrad Ferdinand Meyer und in Alexandre Dumas Roman *Die Bartholomäusnacht*.

John Knox

* um 1514 in Gifford Gate
† 24. November 1572 in Edinburgh

Schottischer Reformator und Mitbegründer der presbyterianischen Kirchen

Nach dem Studium der Theologie und Rechtswissenschaft an der Universität St. Andrews wurde Knox 1536 zum katholischen Priester geweiht. Da es viele Priester und wenige Gemeinden gab, arbeitete er zunächst als Hauslehrer in verschiedenen Grafenfamilien. Nachdem er Georg Wishart kennengelernt hatte, einen Anhänger →Calvins, begann Knox sich mit Eifer für die Reformation in Schottland einzusetzen. Knox wurde einer der Anführer des Aufstandes gegen Kardinal David Beaton, der Wishart als Ketzer hatte hinrichten lassen und die Protestanten verfolgte. Der Volksaufstand wurde mit Hilfe französischer Truppen niedergeschlagen, denen auch Knox schließlich in die Hände fiel. Er wurde gefangengenommen und zu 19 Monaten Haft als Galeerensklave verurteilt.

1549 ging Knox als Prediger nach England. Hier lernte er seine Frau Marjorie kennen. Er arbeitete mit am »Book of Common Prayer« und galt als einer der wichtigsten evangelischen Theologen seiner Zeit. Ihm wurde das Bistum Rochester angeboten, was er aber ablehnte, da ihm die anglikanische Kirche zu gefällig gegenüber Rom war. Nachdem der protestantische König Eduard VI. gestorben war, folgte ihm seine Schwester Mary auf den Thron, die England rekatholisieren wollte. Daraufhin floh Knox 1554 nach Genf.

Dort traf er Johannes Calvin, der ihn fortan stark beeinflusste. Kurzzeitig war Knox Prediger in Frankfurt am Main, kehrte aber bald nach Genf zurück, wo er die englische Flüchtlingsgemeinde betreute. Knox arbeitete in dieser Zeit gemeinsam mit anderen an einer englischen Bibelübersetzung, die unter dem Namen »Genfer Bibel« bekannt wurde.

1559 kehrte Knox nach Schottland zurück, wo er zu einem Wortführer der reformatorischen Bewegung wurde. Während die schottische Regentin ihn ächtete, nahm die Bevölkerung ihn begeistert auf. Die Reformation breitete sich in ganz Schottland aus. Knox kämpfte dafür, die Kirche zu einer selbstständigen und staatsunabhängigen Organisation zu machen. Zu Unruhen und Kirchenstürmungen kam es, nachdem Knox in Perth eine Predigt gegen die katholische Bilderverehrung gehalten hatte; die Unruhen endeten erst, als das Parlament 1560 das »Schottische Bekenntnis«, an dem Knox maßgeblich mitgearbeitet hatte, annahm. Die schottische Kirche wurde presbyterianisch. Als die katholische Königin Maria Stuart die nun abgeschaffte Messe an ihrem Hof wieder einführen wollte, stellte Knox sich gegen sie und es kam zum Konflikt. Daraufhin wurde er des Hochverrats angeklagt. Später wurde er freigesprochen. Ein gegen ihn geplantes Attentat überlebte er.

An der Gefangensetzung der Königin und an ihrer Absetzung durch protestantische Adlige war Knox wesentlich beteiligt. Am Ende seines Lebens zog er sich aus der Öffentlichkeit zurück. John Knox starb 1572 in Edinburgh.

Familiäres: Die Familie von John Knox stammte wohl aus einer niederen sozialen Schicht, sein Vater Wilhelm war vermutlich ein freier Bauer. Sein Bruder war ein Kaufmann. Über seine Mutter ist nichts weiter bekannt, außer ihrem Mädchenname Sinclair, den Knox später gelegentlich als Pseudonym verwandte.

Orte: Edinburgh, Genf

Zitat: »Ein Mann mit Gott ist immer in der Mehrheit.«

Zitat über ihn: »Hier liegt ein Mann, der nie das Angesicht eines anderen Mannes fürchtete.« *Der schottische Regent James Douglas, 4. Earl of Morton, bei der Beerdigung von Knox.*

Zum Weiterlesen: Rosalind K. Marshall: *John Knox*. Edinburgh 2013 *(englisch)*

Auch das noch: John Knox' Grab liegt heute unter einem Parkplatz südlich der St. Giles' Kathedrale. Die Evangelische Kirche in Deutschland erinnert mit einem Gedenktag am 24. November – Knox' Todestag – an ihn.

Leonhard Stöckel

* um 1510 in Bartfeld (Bardejov)
† 7. Juni 1560 in Bartfeld (Bardejov)

Slowakischer Dramatiker, Reformator, Pädagoge

Leonhard Stöckel wurde im heute ostslowakischen Bartfeld (Bardejov) geboren, das damals zum Königreich Ungarn gehörte. Sein Vater war Schmied und zeitweise auch Stadtrichter. Er schickte seinen Sohn zunächst auf die Lateinschule seines Heimatortes, wo Stöckel bereits durch von humanistischen Gedanken geprägte Lehrer unterrichtet wurde. Zur Vorbereitung auf sein Studium zog er anschließend nach Kaschau, dann nach Breslau. Im Alter von 21 Jahren immatrikulierte er sich an der Universität in Wittenberg wo → Martin Luther und → Philipp Melanchthon seine Lehrer wurden. Besonders der wegen seines Einsatzes für die Bildung »Lehrer Deutschlands« genannte Melanchthon beeindruckte ihn nachhaltig und es entwickelte sich eine Freundschaft zwischen den beiden.

Zeitweilig arbeitete Stöckel als Erzieher der Kinder des Kurfürsten → Johann Friedrich I. Anschließend trat er in Eisleben eine erste Stelle als Schulrektor an. Da es in Glaubensfragen zu Konflikten kam, kehrte er aber bald nach Wittenberg und dann nach Bartfeld (Bardejov) zurück. Dort wurde er 1539 Rektor des Gymnasiums und begann damit, die Schule orientiert an einem christlichen Humanismus im Sinne Melanchthons umzugestalten.

In seinem Beruf als Pädagoge ging Stöckel auf. Er begann aber auch schriftstellerisch tätig zu werden. Unter anderem verfasste er Lehrbücher und dichtete für seine Schüler Dramen (um), die er gemeinsam mit ihnen zur Aufführung brachte. Außerdem wirkte er beratend in kirchlichen Angelegenheiten und verfasste in Anlehnung an das Augsburger Bekenntnis ein Glaubensbekenntnis für seine Heimatregion.

Dieses ungarische evangelische Glaubensbekenntnis wurde zum Vorbild für andere oberungarische Städte.

Mit seiner Schrift »Die Gesetze der Bartfelder Schule«, schuf er ein bis dahin in seiner Heimat einmaliges pädagogisches Regelwerk. Seine Umgestaltung des Schulwesens fand schnell Anklang im ganzen Königreich. Man nannte Stöckel später anerkennend »Lehrer Ungarns«.

Sieben Wochen nach seinem Lehrer und Freund Philipp Melanchthon starb Leonhard Stöckel im Juni 1560 in seiner Heimatstadt Bartfeld (Bardejov).

Orte: Bartfeld (Bardejov), Wittenberg

Zitat über ihn: »Denn er in Wahrheit ein vernünftiger, wohlgelehrter, frommer und geistlicher Mann ist, desgleichen nicht viel zu finden.« *Philipp Melanchthon über Stöckel*

Wichtige Werke: u. a. als Pädagoge: *Leges scholae Bartfensis;* als Dramatiker: *Historia von Susanna in Tragedien weise gestelltet;* als Reformator: *Confessio Pentapolitana*

Johannes a Lasco

* 1499 in Łask
† 8. Januar 1560 in Pińczów

Polnischer Calvinist und Reformator Ostfrieslands

Der in Polen geborene Johannes a Lasco studierte in Bologna und Padua, kehrte nach Polen zurück, wurde 1521 zum Priester geweiht, ging als Domkaplan nach Gnesen (Gniezno) und wirkte als Sekretär am Königshof. 1524 reiste er nach Paris und nach Basel, wo er Erasmus von Rotterdam traf und sich intensiv mit ihm austauschte. Außerdem knüpfte er Kontakte zu → Ulrich Zwingli und Johannes Oekolampad. Nach einer diplomatischen Italien-Reise kehrte er 1525 nach Gnesen (Gniezno) zurück. Nachdem er 1537 in Leipzig mit → Philipp Melanchthon in Kontakt getreten war, ging er nach Löwen, heiratete und brach damit als erster polnischer Geistlicher öffentlich den Zölibat. 1538 wurde er Archidiakon von Warschau. Aus Angst vor der Inquisition zog er 1540 nach Emden, wo er 1542 Superintendent wurde. Er kämpfte gegen den Widerstand der Altgläubigen und der Täufer. Außerdem setzte er sich, durch die schweizerische Reformation inspiriert, für die Abschaffung der Bilder aus den Kirchen ein. Er gestaltete das ostfriesische Kirchenwesen neu, wobei er den Kirchenrat und die Kirchenzucht einführte. Als er dem Interim 1549 nicht zustimmte, musste er seine Stelle verlassen und ging nach London, wo er eine Flüchtlingsgemeinde betreute und an Reformen mitwirkte. Die einsetzende Rekatholisierung trieb ihn erneut zur Flucht, er kehrte nach Emden zurück. Nach einem Streit um seinen Katechismus und die Abendmahlslehre zog er nach Frankfurt, wo er als Superintendent der Flüchtlingsgemeinde wirkte. 1557 ging er zurück nach Polen. Dort versuchte er, Calvinisten, Lutheraner und Böhmische Brüder durch eine gemeinsame Organisation und Kirchenzucht zu einen, was jedoch nicht gelang.

Familiäres: 1540 heiratete Johannes a Lasco Barbara, die aus einfachen Verhältnissen stammte.

Orte: Gnesen (Gniezno), Löwen, Emden, London, Frankfurt a. M., Pińczów

Zitat: »Gott lässt seine Sonne aufgehn über alle ohne Ausnahme, um allen gleich zu leuchten, lässt regnen über alle ohne Ausnahme und den heilbringenden Samen seines Gotteswortes über jederlei Acker streuen; seine Schuld ist es nicht, wenn der allenthalben hin gestreute Same des ewigen Lebens hier erstickt, da zertreten wird und dort verdorrt.«

Zitat über ihn: Er »war nicht nur ein Mann der Kirche und Theologe, sondern auch Humanist, Moralist, Politiker und Diplomat, endlich – Mäzen, Verteidiger und Beschützer aller um des Glaubens willen Bedrängten.« *O. Bartel*

Zum Weiterlesen: Henning P. Jürgens: *Johannes a Lasco in Ostfriesland. Der Werdegang eines europäischen Reformators.* Tübingen 2010

Auch das noch: Die von der ev.-reformierten Kirche geführte Emdener Bibliothek ist nach a Lasco benannt.

Johann Augusta

Jan Augusta

* 1500 in Prag

† 13. Januar 1572 in Jungbunzlau (Mladá Boleslav)

Bischof und Richter der Böhmisch-Mährischen Brüder-Unität

Von Beruf war Johann eigentlich Hutmacher, trat aber 1524 der Böhmischen Brüder-Unität bei und wurde 1531 zum Priester geweiht. Schon ein Jahr später wurde er Bischof und erhielt Leitomischl (Litomyšl) als Sitz. Gemeinsam mit Johann Horn versuchte er zu erreichen, dass die Unität der deutschen Reformation nachfolgte. Zu diesem Zweck verfassten sie eine eigene Bekenntnisschrift. Augustas Ziel war eine böhmische evangelische Nationalkirche und er versuchte zu diesem Zweck die Brüderunität mit den Utraquisten zusammenzuführen. Weil er im eigenen Land auf Ablehnung stieß, suchte er Kontakt zu Evangelischen aus dem Ausland. So kam er auch in Kontakt mit Markgraf Georg von Brandenburg-Ansbach. →Martin Luther ließ es schließlich 1533 mit einer empfehlenden Vorrede in Wittenberg drucken. 1536 kam Johann dann mit zwei Brüdern nach Wittenberg und brachten ein neues Bekenntnis, dass ebenfalls von Luther empfohlen und gedruckt wurde.

Gleichzeitig hielt Augusta auch Kontakt zu Straßburger Reformatoren wie →Martin Bucer. Als der Schmalkaldische Krieg ausbrach, verweigerte die Brüder-Unität die Heeresfolge. Nach dem Tod von Johann Horn 1547 wurde Augusta zum Richter der Brüderunität. Noch im selben Jahr wurde sie als Urheberin des Böhmischen Aufstandes beschuldigt. Daraufhin musste die Unität nach Mähren umziehen.

Johann Augusta wurde an Ferdinand I. ausgeliefert, in Prag gefoltert und auf der Burg Prüglitz eingesperrt. Die Leitung der Unität distanzierte sich von ihm, nahm ihn aber nach seiner sechzehnjährigen Haft wieder auf. Weiterhin

hing er an seinem Traum von einer Nationalkirche, geriet dadurch aber in Konflikt mit der Unität, die ohne Rücksicht auf die Utraquisten nach staatlicher Anerkennung suchte.

Orte: Prag, Wittenberg, Leitomischl (Litomyšl), Mähren

Zitat über ihn: »Seid ihr die Apostel des slawischen Stammes: Ich, mit den Meinigen, will der Apostel des deutschen Stammes sein« *Martin Luther zum Abschied an die Brüder*

Wichtiges Werk: Rechenschafft des Glaubens, der dienst unnd Ceremonien der brüder in Behmen und Mehrern, Zürich 1532

Johannes Honter

Johannes Honterus

* um 1498 in Kronstadt (Brașov)
† 23. Januar 1549 in Kronstadt (Brașov)

Humanist, Universalgelehrter, Reformator der Siebenbürger Sachsen

Johannes Honter wurde als Sohn eines Lederers in Kronstadt (Brașov)geboren. Seine Eltern waren wohlhabende Bürger der Stadt und schickten ihren Sohn auf die dortige Schule der Dominikaner. 1520 begann er sein Studium an der Universität in Wien. Als die Stadt 1529 durch die Türken belagert wurde, zog Honter zunächst nach Regensburg und kurz darauf nach Krakau. Dort wirkte er 1530 einige Monate lang als Lehrer an der Ritterakademie und gab für seine Schüler eine lateinische und eine griechische Grammatik heraus. Über Nürnberg und Augsburg zog er noch im gleichen Jahr nach Basel. Hier arbeitete er als Verlagslektor und Holzschneider, gab verschiedene Kartenwerke heraus und ließ sich von den reformatorischen Ideen des Johannes Oekolampad begeistern.

1533 kehrte er nach Kronstadt (Brașov) zurück, wo er bald in den Stadtrat gewählt wurde und die erste Druckerei Siebenbürgens gründete. Dort wurden neben seinen anderen Werken hauptsächlich Lehrbücher gedruckt, mit deren Hilfe der Schulunterricht in der Region reformiert werden sollte.

Nur langsam machte Honter seine reformatorischen Überzeugungen öffentlich. Stattdessen versuchte er zunächst, innerhalb der katholischen Kirche behutsame Reformen durchzusetzen. Als das reformatorisch gesinnte Bürgertum in Kronstadt (Brașov) allerdings die Oberhand gewann, wirkte Honter aktiv an der Durchsetzung der Reformation in der Stadt mit. Nach seinem »Entwurf einer Kirchenverbesserung« wurde in Kronstadt – und kurz darauf auch in den umliegenden Gemeinden – der Gottesdienst neu geordnet und das Abendmahl in beiderlei Gestalt ausgeteilt.

Um die Reformation in Kronstadt (Brașov) zu verteidigen zogen einige Abgeordnete der Stadt mit der von Honter verfassten Verteidigungsschrift »Apologia reformationis« nach Weißenburg. Erfolgreich konnten sie sich »wider die papistischen Gesellen« durchsetzen.

Honters Reformationsschriften und sein Vorgehen in Kronstadt (Brașov) trafen auch bei den Wittenberger Reformatoren auf Zustimmung. →Martin Luther lobte Honters Reformationsbüchlein über die Durchführung der Reformation in Siebenbürgen: »Es hat mir über die Maßen gefallen«. →Philipp Melanchthon gab die Schrift 1543 in Wittenberg neu heraus. Zu Weihnachten 1543 verpflichtete sich der neugewählte Kronstädter Stadtrat auf Honters Reformationsbüchlein.

Im nächsten Jahr wurde er zum Stadtpfarrer gewählt. Später gründete er eine Papiermühle und richtete eine Bibliothek ein.

Honter pflegte regen Briefkontakt mit Luther, Melanchthon und →Bugenhagen. Beharrlich arbeitete er weiter an einer besonnenen Durchsetzung der Reformation und ließ sich auch durch die Forderungen radikalerer Gruppierungen nicht von seinem Weg abbringen.

Zitat über ihn: »Es hat mir über die Maßen gefallen, so gelehrt, so rein, so treu ist es geschrieben. Lies dies Büchlein und nimm Fühlung mit den Dienern der Kronstädter Kirche. Sie werden dir die nützlichsten Helfer bei der Reformation deiner Kirche sein.« *Martin Luther über Honterus' Reformationsbüchlein*

Orte: Kronstadt (Brașov), Wien, Nürnberg, Regensburg

Zum Weiterlesen: Gernot Nussbächer: *Johannes Honterus. Sein Leben und Werk im Bild.* Bukarest 1974

ANDERE KUNSTWERKE

IV

Rudolf II. Herzog von Sachsen-Wittenberg und Gemahlin Elisabeth

»Der Blinde«

* um 1307
† 6. Dezember 1370 in Wittenberg

Kurfürst von Sachsen-Wittenberg

Rudolf wurde als ältester Sohn früh an diplomatische Tätigkeiten herangeführt. Er beteiligte sich auf französischer Seite 1346 an der Schlacht von Crécy und übernahm später sogar die Führung der deutschen Hilfstruppen. Obwohl die Schlacht verloren ging, erhielt der Kurprinz vom französischen König Philipp VI. einen Dorn geschenkt, der angeblich aus der Dornenkrone Christi stammte. Diese Reliquie sollte Pilger und Wallfahrer anziehen. Sie wurde in der gerade gebauten Basilika-Kapelle ausgestellt und die Stiftskirche wurde zum Propstsitz.

Sein Vater erreichte ein stolzes Alter, war aber schließlich nicht mehr in der Lage zu reisen und übertrug seinem Sohn deshalb das Recht, ihn auf Reichstagen zu vertreten. Seine Rechte und Privilegien ließ Rudolf II. sich nach dem Tod seines Vaters im Dezember 1356 durch ein Fürstengericht in Metz noch einmal bestätigen und führte die Politik seines Vaters fort. Sie versuchten bald, ihm Besitzansprüche streitig zu machen und er hatte keine andere Wahl als militärisch dagegen vorzugehen. Wegen der dadurch entstehenden Kosten musste Rudolf II. Besitztümer verkaufen und eintauschen.

In den nächsten Jahrzehnten jedoch gingen die Herrschaft Liebenwerda, die Grafschaft Barby und das Herzogtum Lüneburg in seinen Besitz über. Dann kam es zum Lüneburger Erbfolgekrieg.

Seine finanzielle Lage beschäftigte Rudolf II. ständig. Er gab der Stadt Herzberg das Privileg des Salzausschankes und regelte die Fährwege der Salzführer von Halle nach Torgau. Ein Problem war das Raubritterwesen, dem er versuchte mit Schutzbündnissen zu entgehen.

Rudolf sorgte dafür, dass der Streit zwischen der Schloss- und der Stadtkirche geschlichtet wurde. Er bezeichnete sich 1370 erstmals als Kurfürst, wie es ihm nach der Goldenen Bullen von 1356 zustand. Da er vor seinem Tod fast vollständig erblindete, erhielt er von den Beinamen »der Blinde«.

Er wurde neben seiner zweiten Ehefrau Elisabeth und seiner Tochter Elisabeth im ehemaligen Franziskanerkloster Wittenberg beigesetzt. Die Grabplatten befinden sich heute in der Schlosskirche. *(siehe oben: links Herzog Rudolf und Gemahlin, rechts Tochter Elisabeth.)*

Familiäres: Rudolf II. heiratete 1336 Elisabeth, die Tochter des Landgrafen Otto von Hessen. Aus dieser Ehe gingen die Töchter Beate und Elisabeth hervor. Nach dem Tod seiner ersten Frau ehelichte er Elisabeth, die Tochter des Grafen Ulrich II. von Lindow-Ruppin und bekam mit ihr seinen Sohn Albrecht.

Henning Göde

* um 1450 in Werben
† 21. Januar 1521 in Wittenberg

Jurist, Propst der Schlosskirche

Zehn Jahre lang studierte Göde an der Universität von Erfurt für seinen Magister Artium und blieb danach auch an der Universität tätig. So wurde er etwa von der Universität nach Rom geschickt, um die Erlaubnis zu erhalten, das Erfurter Nonnenkloster für die Errichtung einer Burg zu verlegen. Im Jahr 1486 erlangte er dann die Doktorwürde und begann Vorlesungen zu geben. Drei Jahre danach erhielt er seinen Doktor in beiden Rechten, dem weltlichen und dem kirchlichen, und wurde Mitglied der Juristenfakultät.

In den nächsten Jahren beriet er Stadträte und war als Redner für verschiedene Fürstenhäuser tätig, um sie bei Reichstagen, Landtagen und Friedensverhandlungen zu vertreten. Da er seine Aufgabe als Berater der Stadt so gut ausfüllte, wurde er zum Rektor der Universität Erfurt ernannt. Im Anschluss wurde er gleichzeitig Dekan der juristischen Fakultät und Kanoniker der Stiftskirche Beatae Mariae virginis. Er war generell sehr empfänglich für neue Ideen und riet seinen Studenten zum Philosophiestudium. Allerdings musste er wegen einiger Streitigkeiten mit dem Rat von Erfurt 1509 die Stadt verlassen.

Zuerst versuchte er, sich von dem Fürsten von Gotha anstellen zu lassen, wurde im Sommer 1510 aber von → Friedrich dem Weisen als leitender Professor der juristischen Fakultät an die Wittenberger Universität geholt. Er wurde auch Propst der Schlosskirche und Berater des Kurfürsten.

Der Reformation fehlte es seines Erachtens nach an Ernsthaftigkeit, aber er verhielt sich nicht ablehnend, sondern neutral. Nach der Aussöhnung mit dem Erfurter Rat 1516 kehrte er kurzzeitig in die Stadt zurück. Bald zog es ihn aber wieder nach Wittenberg. Da er dort unverheiratet und kinderlos verstarb, ging sein beträchtliches Vermögen an die

Wittenberger Universität über, die es für Stipendien verwendete. Er wurde in der Schlosskirche in Wittenberg bestattet. Auf dem Epitaph ist er als Kind zu sehen (2. v. links).

Orte: Erfurt, Wittenberg
Wichtiges Werk: *Consilia*. Herausgegeben von Melchior Kling, 1541

Johann Hinrich Wichern

*** 31. April 1808 in Hamburg**
† 7. April 1881 in Hamburg

Begründer der evangelischen Diakonie

Während seiner Arbeit als Erziehungsgehilfe entdeckte Wichern schon in jungen Jahren seine Leidenschaft für Pädagogik und den Glauben. Nach dem Theologiestudium in Göttingen und Berlin arbeitete er in Hamburgs Armenvierteln und war von der Not und dem Elend dort berührt. Mit Hilfe Hamburger Honoratioren gründete er 1833 das »Rauhe Haus«; eine »Rettungsanstalt für verwahrloste Kinder«. Das Erziehungskonzept Wicherns ist wegweisend bis heute. Kinder wurden in familienähnlichen Wohngruppen betreut. Zu ihrer Ausbildung gehörten nicht nur die klassischen Schulfächer, sondern auch handwerkliche oder hauswirtschaftliche Fähigkeiten als Vorbereitung aufs Berufsleben. Der Tagesablauf war fast klösterlich strukturiert durch Andachten, Arbeitszeiten und Ruhephasen. Behutsam führte Wichern die Kinder in die christliche Lebensführung ein. An Sonntagen wurde nicht gearbeitet. Kirchliche Feste wurden kindgemäß und fantasievoll zelebriert.

Das Hamburger »Rauhe Haus« expandierte. Immer mehr Kinder wurden aufgenommen, bald entstand ein ganzes Dorf. Das »Reich Gottes im Kleinen«, das sich Wichern und seine Frau Amanda erträumt hatten, wuchs, gedieh und brauchte neue Erzieher. In einer eigenen »Brüderanstalt« bildete Wichern von 1839 an die Erziehungsgehilfen aus.

In ganz Deutschland sprach sich das erfolgreiche Wirken des Hamburger Theologen herum. Ihm lag angesichts der wachsenden Kirchenferne der Arbeiter an »innerer Mission«; die Kirche sollte auch im eigenen Land die Menschen wieder zum Glauben bringen. Straßenmission und Diakonie, Bildungsarbeit und Rettungshäuser, alles organisiert in Form freier Vereine, sollten die Kirchenfernen zurückholen. Hoffnung machende Aktivitäten, die unter dem Begriff »Innere Mission« zusammengefasst werden.

1848 erhielt Wichern in der Wittenberger Schlosskirche Gelegenheit, sein Anliegen vor den versammelten Vertretern der deutschen Landeskirchen zu entfalten. In einer mitreißenden Stegreif-Rede überzeugte er seine Hörer, ein Jahr darauf gründete sich der »Centralausschuss der Inneren Mission«. Das Datum gilt als Geburtsstunde der modernen Diakonie. An vielen Orten gründeten sich daraufhin Vereine der Inneren Mission. Wichern selbst widmete sich im Auftrag des preußischen Königs dem Neuaufbau des Gefängniswesens und begründete die Felddiakonie, die in Kriegen die Versorgung verletzter Soldaten übernimmt.

Familiäres: Mit seiner Frau Amanda war Wichern Vater von sieben Kindern.

Orte: Hamburg, Berlin

Zitat: »Eines tut Not: dass die evangelische Kirche in ihrer Gesamtheit anerkenne: ›die Arbeit der inneren Mission ist mein!‹, dass sie ein großes Siegel auf die Summe dieser Arbeit setze: Die Liebe gehört mir wie der Glaube.« *(aus der Rede in der Schlosskirche 1848)*

Zitat über ihn: »Wichern hatte keine Zeit, ein großer Theologe zu werden, weil es ihn eilte, ein guter Christ zu sein.« *Bundespräsident Theodor Heuß, 1951*

Zum Weiterlesen: Uwe Birnstein: *Der Erzieher. Wie Johann Hinrich Wichern Kinder und Kirche retten wollte*. Berlin 2007

Auch das noch: Wichern gilt als Erfinder des Adventskranzes. Um die Adventszeit den Kindern im »Rauhen Haus« erfahrbar zu machen, ersann er einen Adventskranz, an dem jeden Tag eine Kerze mehr entzündet wird. Dieser Brauch ist bis heute auch in nichtkirchlichen Familien beliebt und verbreitet.

DIE NEUN HEILIGEN FRAUEN

V

Das Sandsteinrelief der neun heiligen Frauen stammt vermutlich aus der Tumba des Grabes der Elisabeth, der Tochter Herzog → Rudolf II. Im 16. Jhdt. wurde es, zusammen mit den Grabsteinen Rudolfs und dessen Tochter Elisabeth, aus der Franziskanerkapelle in die Schlosskirche gebracht.

Ursula von Köln

*** (?) / † 383? in Köln**

Keusche Königstochter

Die bretonische christliche Königstochter Ursula sollte den englischen Prinzen Aetherius heiraten. Da der jedoch Heide war und sie selbst ewige Jungfräulichkeit gelobt hatte, stellte sie ihm die Bedingung, er solle sich innerhalb der nächsten drei Jahre taufen lassen. Sie selbst unternahm in dieser Zeit gemeinsam mit 11 (oder 11.000?) jungfräulichen Gefährtinnen eine Wallfahrt nach Rom. Der Sturm trieb ihr Schiff in die Rheinmündung bis nach Köln. In der Nacht träumte Ursula von einem Engel, der ihr sagte, sie werde auf der Rückreise in Köln den Märtyrertod sterben. Dennoch reisten die Jungfrauen weiter. In Rom soll Ursula Papst Cyriakus und einige Bischöfe getroffen haben. Als sie zurückkamen, war Köln von den Hunnen belagert. Alle Mitreisenden außer Ursula wurden getötet. Der Hunnenprinz verliebte sich in Ursula und bot ihr an, sie zu heiraten. Sie weigerte sich standhaft. Daraufhin erschoss der Hunnenprinz sie mit einem Pfeil.

Attribut: Pfeil

Agatha von Catania

***um 225 / † um 250 in Catania auf Sizilien**

Märtyrerin

Der Legende nach wuchs Agatha als Tochter reicher, adeliger Eltern auf Sizilien auf. Sie soll von besonderer Schönheit gewesen sein, interessierte sich aber mehr für ihren christlichen Glauben als für Männer. Als Quintianus, der heidnische Statthalter von Sizilien, um ihre Hand anhielt, lehnte sie ab, da sie Christin sei und um des Glaubens willen Jungfräulichkeit gelobt hatte. Der gekränkte Quintianus ließ Agatha verhaften und in ein Bordell bringen, damit sie ihre Jungfräulichkeit dort verlöre. Agatha aber ließ sich nicht verführen und lehnte auch eine Hochzeit mit Quintianus weiterhin ab. Nun übergab Quintianus Agatha dem Gericht und sorgte dafür, dass sie grausam gefoltert wurde. Agatha wurde an einen Balken gefesselt aufgehängt, dann wurden ihre Brüste mit Zangen malträtiert, verbrannt und schließlich abgeschnitten. In der folgenden Nacht erschien ihr Petrus, der ihre Wunden mit Balsam bestrich und heilte. Daraufhin legten ihre Peiniger Agatha auf Scherben und glühende Kohlen und warfen sie anschließend ins Gefängnis, dort starb sie. Kurze Zeit später wurde Quintianus durch den Tritt eines Pferdes tödlich getroffen.

Attribut: auf ihre Brust deutend

Maria Magdalena

lebte zur Zeit Jesu

Jüngerin Jesu

Maria stammte aus dem Ort Magdala am Westufer des Sees Genezareth. Die Bibel erzählt, Jesus habe sie von einer schweren Krankheit geheilt (Lukas 8,2). Maria verließ ihre Heimat und folgte Jesus nach. Zusammen mit anderen Frauen unterstützte sie Jesus und die Jünger finanziell.
Nachdem Jesus festgenommen war, blieb Maria bis zuletzt bei ihm und soll auch seine Kreuzigung und Bestattung beobachtet haben. Sie wurde eine der ersten Zeuginnen des leeren Grabes und begegnete Jesus, den sie zunächst für einen Gärtner hält. Wie er es ihr auftrug, eilte Maria zurück zu den Jüngern und erzählte ihnen von der Begegnung.
Über Marias weiteres Leben erzählen nur Legenden. Sie erscheint unter anderem als Lieblingsjüngerin Jesu oder wird als Apostelin verehrt. In der griechisch-orthodoxen Kirche wird sie als solche bis heute hoch geschätzt.
Vom sechsten Jahrhundert an dominierten Erzählungen, die diese Wertschätzung zu mindern versuchten. Papst Gregor I. setzte Maria, älteren Traditionen folgend, mit der anonymen Sünderin gleich, die Jesus die Füße wusch und salbte und der Jesus ihre Sünden vergab (Lukas 7,36–50). So wurde aus Maria Magdalena, der Jüngerin Jesu und wichtigsten Zeugin seiner Auferstehung, eine Prostituierte und der Inbegriff einer reuigen Sünderin.

Attribut: Salbgefäß

Elisabeth von Thüringen

* 7. Juli 1207 in Pressburg oder auf Burg Rácózi in Ungarn / † 17. November 1231 in Marburg

Landgräfin und Franziskanerin

Gerade 14-jährig heiratete die Königstochter Elisabeth den thüringischen Landgrafen Ludwig IV. Die Ehe war kurz und glücklich, aus ihr gingen drei Kinder hervor. 1225 kam Elisabeth mit den ersten Franziskanern in Eisenach in Kontakt und ließ sich von deren Armutsideal begeistern. Sie unterstützte das Kloster und begann – mit Billigung ihres Mannes, aber gegen den Widerstand der restlichen Familie –, sich um Arme und Kranke zu kümmern. Zahlreiche Wunder sollen geschehen sein. Als sie im Hungerjahr 1226 beispielsweise das noch vorhandene Korn an Bedürftige austeilen ließ, sollen sich der Boden des Raumes und alle Kammern plötzlich mit Korn gefüllt haben. Nach dem Tod ihres Mannes warf man Elisabeth vor, sie verschwende öffentliche Gelder. Sie musste ihre Heimstatt, die Wartburg, verlassen und zog mit ihren Kindern zu ihrem Onkel, dem Bischof von Bamberg. Hier begann sie, in Armut und strenger Askese zu leben. Zu einer weiteren Heirat war sie nicht zu bewegen. 1229 zog sie in die Nähe ihres Beichtvaters Konrad von Marburg, der sie zu noch härteren Bußübungen anhielt. Das Armutsideal auf die Spitze treibend, zog sie bettelnd von Tür zu Tür. Mit ihrem restlichen Vermögen ließ sie ein Hospital bauen, in dem sie selbst bis zu ihrem Tod als Pflegerin lebte und arbeitete.

Attribut: Kirchenmodell

Lucia von Syrakus

* um 283 (?) / † 304 (?) in Syrakus (Siracusa) auf Sizilien

Märtyrerin

Schon als Kind soll Lucia um Christi willen ewige Jungfräulichkeit gelobt haben. Dennoch wollte ihre Mutter Eutychia sie verheiraten. Lucia jedoch versuchte, die Verlobung hinauszuzögern. Nach einer Wallfahrt zum Grab der Heiligen → Agatha von Catania teilte Lucia dem angehenden Verlobten mit, dass sie ihn nicht heiraten werde. Stattdessen gründete sie eine Armen- und Krankenstation. Außerdem soll sie andere Christen, die sich vor den Verfolgern verstecken mussten, mit Nahrung versorgt haben. Um in der Dunkelheit etwas sehen und trotzdem möglichst viel tragen zu können, setzte sie sich einen Lichtkranz auf den Kopf.

Der verschmähte Mann wollte die Zurückweisung nicht auf sich sitzen lassen und klagte Lucia als Christin an. Der Richter befand, man solle sie in ein Bordell bringen lassen, doch weder ein Ochsengespann noch 1000 Männer konnten sie von der Stelle bewegen. Auch durch Zauberer, kochendes Öl und Feuer konnte man ihr kein Leid zufügen. Schließlich wurde ihr ein Schwert in den Hals gestochen, dennoch soll sie laut weitergebetet haben. Außerdem heißt es, sie habe sich ihre schönen Augen ausgerissen und sie ihrem Verlobten geschickt, woraufhin sie von Maria noch schönere Augen bekommen habe. Erst als man ihr eine Hostie gereicht hatte, starb sie.

Attribut: Palmzweig

Katharina von Alexandria

*** in Zypern (?) / † 307 (?) in Alexandria in Ägypten**

Märtyrerin

Katharina soll in Alexandria den römischen Kaiser gefragt haben, warum er den Christen heidnische Opfer abverlange, statt selbst zum Christentum überzutreten. Es kam zu einer öffentlichen Diskussion, zu der der Kaiser 50 hervorragende Philosophen einlud. Sie alle kamen nicht gegen die Argumentation der klugen Katharina an und bekehrten sich schließlich zum Christentum. Dafür ließ der Kaiser die Männer verbrennen. Er fragte Katharina, ob sie ihn heiraten würde, doch sie weigerte sich, da sie sich Christus versprochen hatte. Wütend riss der Kaiser ihr die Kleider vom Leib, ließ sie geißeln und tagelang ohne Nahrung ins Gefängnis sperren. Ein Engel und Christus trösteten sie, eine Taube versorgte sie mit Nahrung. Die Wachen, die dies miterlebten, bekehrten sich zum christlichen Glauben – und wurden vom Kaiser ermordet. Katharina ließ er die Brüste abreißen. Anschließend wollte er Katharina rädern und vierteilen lassen. Doch die Räder zerbarsten und töteten ihre Peiniger.
Schließlich ließ der Kaiser Katharina enthaupten. Aus der Halswunde floss Milch statt Blut und ein Engel brachte ihren Leichnam auf den Berg Sinai. Fünf Jahrhunderte später sollen ihre Gebeine dort gefunden worden sein. Am Fundort wurde ein Kloster errichtet. Aus Katharinas Gebeinen soll heilkräftiges Öl fließen.

Attribut: Rad

Dorothea

* um 290 / † um 304 in Cäsarea (Kayseri) in Kappadokien

Märtyrerin

Als der heidnische Statthalter der Provinz Cäsarea um Dorotheas Hand anhielt, erklärte sie, dass sie Christin sei und sich allein Christus und ihrem Glauben widmen wolle. Dorothea landete vor Gericht; mit grausamen Foltermethoden sollte sie von ihrem Glauben abgebracht werden. Ein Bad in kochendem Öl überstand sie ebenso unbeschadet wie neun Tage ohne Nahrung in einem dunklen Keller. Daraufhin band man sie mit den Füßen hängend an ein Pferd, geißelte sie und verbrannte ihre Brüste. Doch auch die so entstandenen Wunden heilten über Nacht. Die Todesstrafe vor Augen betonte Dorothea, sie werde gerne leiden, um anschließend die Rosen und Früchte im Garten des Herrn zu genießen. Statthalter Theophilus meinte spöttisch, sie solle ihm doch ein paar Blumen und Früchte aus dem Garten ihres geliebten Christus schicken, dann werde auch er an ihn glauben. Während Dorothea an der Richtstätte betete, erschien ihr, obwohl es mitten im Winter war, ein goldgelockter Junge mit einem Korb voll Rosen und Äpfel. Dorothea schickte ihn zu Theophilus und wurde kurz darauf geköpft. Als Theophilus den Jungen erblickte, der ihm den Korb brachte und vor seinen Augen entrückt wurde, bekannte auch er sich zum christlichen Glauben und ließ sich taufen. Auch er wurde nun gefoltert und enthauptet.

Attribut: Korb mit Blumen

Diese Heiligenfigur ist nicht eindeutig zu benennen; zwei Frauen stehen zur Auswahl:

Gertrud von Helfta

*** 6. Januar 1256 in Thüringen / † 1302 in Helfta**

Mystikerin

Im Zisterzienserinnenkloster Helfta erhielt Gertrud eine hervorragende Bildung und wurde Nonne. Unter anderem durch die dort lebende Mystikerin →Mechthild von Magdeburg fand sie Zugang zur Spiritualität. 1281 berief Jesus sie in einer Vision in seine Nachfolge. 1289 begann sie, über ihre mystische Christusbeziehung zu schreiben, wirkte auch als Seelsorgerin und Ratgeberin. Im Zentrum ihrer Werke steht die Liebe Gottes, von der das ganze Universum erfüllt sei.

Attribut: Herz

Mechthild von Magdeburg

*** um 1207 bei Magdeburg / † 1282 oder 1294 im Kloster Helfta**

Mystikerin

Mit zwölf erlebte Mechthild mystische Gotteserfahrungen. Um 1230 zog sie in ein Magdeburger Beginenhaus, wo sie ehelos nach den Regeln der Dominikaner lebte, ohne das Ordensgelübde abzulegen. Ihre Schriften über den Glauben gelten als die ersten deutschen Werke der Mystik. Unter Rückgriff auf die Bildsprache des Hohenliedes und des Minnesangs beschrieb sie ihre Einheit mit Christus. Dabei äußerte sie auch deutliche Kritik am Zeitgeschehen und am Klerus. Deswegen angefeindet, floh sie 1270 in das Zisterzienserinnenkloster Helfta, wo sie noch zwölf Jahre lang zurückgezogen lebte.

Barbara von Nikomedien

*** Ende des 3. Jhdt. in Nikomedia (Ízmit) oder Heliopolis (Ba'lbak) / † 306 (?) in Nikomedia (Ízmit)**

Märtyrerin

Um die Gunst der schönen und klugen Barbara sollen sich viele Männer bemüht haben. Doch die interessierte sich nicht für die Männer, sondern vor allem für das Christentum. Aus Eifersucht und um sie den Einflüssen dieses Glaubens zu entziehen, soll ihr heidnischer Vater sie in einen Turm gesperrt haben. Während ihrer Gefangenschaft bekannte sie sich, trotz aller Drohungen und Peinigungen, zum christlichen Glauben.

Als ihr Vater auf Reisen war, empfing Barbara vom Heiligen Geist erleuchtet die Taufe durch Johannes den Täufer. Der Vater erfuhr davon und wollte sie töten. Auf wundersame Weise konnte sie zunächst fliehen, wurde dann aber verraten und dem römischen Statthalter Marcianus vorgeführt. Der verurteilte sie zum Tode. Grausamste Folterungen soll sie ertragen haben, bis ihr die Haut in Fetzen vom Körper hing. Von ihrem Glauben jedoch ließ sie nicht ab.

Nachdem Christus ihr erschienen war und ihre Wunden geheilt hatte, ließ der wütende Marcianus sie mit Keulen schlagen, ihr die Brüste abschneiden und sie mit Fackeln foltern. Daraufhin hüllte ein Engel sie in ein leuchtend weißes Gewand. Schließlich wurde sie von ihrem eigenen Vater geköpft, der zur Strafe kurz darauf von einem Blitz erschlagen wurde.

Attribut: Turm

ADELSWAPPEN AN DER EMPORE

VI

Ulrich von Hutten

* 21. April 1488 Burg Steckelberg (bei Schlüchtern)
† 29. August 1523 auf der Insel Ufenau

Deutscher Ritter, Dichter, Kirchenkritiker und Humanist

Von den Eltern für den geistlichen Stand bestimmt, entfloh Hutten 1505 mit 17 Jahren der Enge des Klosters, um ein freies Leben zu führen. Als mittelloser junger Mann zog er in den folgenden Jahren von Universität zu Universität, erst in Deutschland (u.a. Köln, Leipzig und Wittenberg), ab 1512 dann in Italien (Venedig, Padua, Bologna). Geistig fühlte er sich stark zum Humanismus hingezogen.

Nachdem der Humanist Johannes Reuchlin eine öffentliche Stellungnahme für das jüdische Schrifttum abgegeben und damit den jahrelangen »Reuchlinistenstreit« mit den Kölner Dominikanern ausgelöst hatte – die den Talmud und andere jüdische Schriften am liebsten verbrennen wollten –, ergriff Hutten leidenschaftlich Partei für die Reuchlin-Position. Wenig später hatte er großen Anteil an den beißend ironischen »Dunkelmännerbriefen« (1515–1517), einer Sammlung fingierter Briefe, die die Heuchelei und Unwissenheit der alten Scholastiker lächerlich machten.

1516 konnte Hutten dank der Unterstützung des Erzbischofs Albrecht II. von Mainz seine Studien in Italien fortsetzen, am 12. Juli 1517 wurde er von Kaiser Maximilian in Augsburg zum Dichter gekrönt und konnte am Hof Albrechts II. eine festbesoldete Stellung annehmen. Trotz seiner literarischen Tätigkeit gelang es ihm nicht, sich aus weltlichen Geschäften herauszuhalten, wie es ihm der Humanist und Berater des Kaisers Willibald Pirckheimer geraten hatte. In einem Brief an den Freund vom Oktober 1518 verwies Hutten entschuldigend auf seine ritterliche Herkunft.

Mit Erasmus von Rotterdam, mit dem er sich ebenfalls angefreundet hatte, teilte Hutten eine Abneigung gegen die

kirchlichen Missstände, die sich zunehmend verschärfte. Seine Forderung nach kirchlichen Reformen war nicht neu, aber nie zuvor hatte sie jemand mit solcher Leidenschaft vorgetragen. Als seine Stellung am Hof des Mainzer Erzbischofs aufgrund seiner Angriffe auf die Kirche 1519 unhaltbar wurde, suchte er Zuflucht auf der Burg seines Freundes → Franz von Sickingen und polemisierte von dort aus gegen Papst und Klerus. In scharfen Streitschriften rief er die Stände des Reiches unaufhörlich dazu auf, sich eingedenk der alten deutschen Freiheit der römischen Herrschaft zu entledigen. Was ihm vorschwebte, war aber keineswegs eine Restitution des mittelalterlichen Universalreiches, sondern ein Reich deutscher Nation.

Durch seine vehemente Kritik an der römischen Kirche geriet Hutten vorübergehend in die Nähe → Martin Luthers, doch schon bald stellte sich heraus, dass sie nicht um dieselbe Sache stritten. Während es Luther um grundsätzliche theologische Fragen ging, war Huttens Ruf nach einer Kirchenreform primär von politischen Wünschen getragen. Als all seine Rufe verhallt waren, ohne dass Kaiser, Fürsten oder Städte sich gegen Rom erhoben hätten, griff er zur Selbsthilfe und begann eigenmächtig einen »Pfaffenkrieg« am Mittelrhein, der sich kaum von gewöhnlichen Raubritterüberfällen unterschied. Von der Kirche gebannt und von allen einstigen Gefährten verlassen, fand er schließlich Zuflucht bei → Ulrich Zwingli in Zürich. Wenig später starb er, erst 36 Jahre alt, auf der Insel Ufenau im Zürichsee.

Familiäres: Der Spross eines fränkischen Rittergeschlechts wurde von den Eltern für den geistlichen Stand bestimmt und deshalb früh der Klosterschule Fulda übergeben.

Orte: Köln, Frankfurt (Main), Mainz, Leipzig, Greifswald, Wittenberg, Zürich, Wien, Venedig, Bologna

Zitat: »O Jahrhundert, o Wissenschaften! Es ist eine Lust zu leben, die Studien blühen, nimm den Strick Barbarei und geh ins Exil!«

Zitat über ihn: »Hafis auch und Ulrich Hutten / Mußten ganz bestimmt sich rüsten / Gegen braun und blaue Kutten.« *J. W. Goethe, West-östlicher Divan*

Wichtiges Werk: *Klag und Vormanung gegen den übermäßigen unchristlichen Gewalt des Bapsts zu Rom*, 1520; *Vermahnungen an die Freien und Reichstädte deutscher Nation*, 1522

Zum Weiterlesen: Eckhard Bernstein: *Ulrich von Hutten*. Hamburg 1999

Auch das noch: Die Lebensgeschichte des Ulrich von Hutten wurde von vielen Dichtern und Literaten aufgegriffen, so von Georg Herwegh, Ferdinand Freiligrath und Conrad Ferdinand Meyer.

Tafel am Haus Schlossstr. 23

Franz von Sickingen

* 2. Mai 1481 auf Burg Ebernburg
† 7. Mai 1523 auf der Burg Nanstein

Reichsritter

Sein Vater verstarb 1505 und hinterließ Franz einen großen Streubesitz und ein bedeutendes Vermögen.

Franz begann früh mit seinen Bemühungen, die Verhältnisse des Ritterstandes zu verbessern, der allmählich verarmte. Er führte trotz des Landesfriedens zahlreiche Fehden. Dieses Handeln wurde vom pfälzischen Kurfürsten geduldet. Als Franz sich jedoch mit der Reichsstadt Worms anlegte, verhängte Kaiser Maximilian I. die Reichsacht über ihn. Daraufhin trat er in die Dienste des französischen Königs Franz I. und führte unter ihm erfolgreich Fehden gegen viele Städte. Franz gewann zusehends an Macht und Geld und wurde daraufhin von Kaiser Maxilimilan I. zurückgerufen, weil er diesem im französischen Lager zu gefährlich wurde.

1519 lernte Franz durch → Ulrich von Hutten die Reformation und den Humanismus kennen. In der Folge setzte er sich für → Martin Luther ein und bot ihm auch Asyl an. Dieses Angebot erweiterte er und ließ bedeutende Köpfe der Reformation in die Ebernburg kommen, die wegen ihrer lutherischen Gesinnung ohne Arbeit oder Obdach waren. Die Burg erhielt daraufhin den Namen »Herberge der Gerechtigkeit«. Es hielten sich dort u. a. auch die Reformatoren → Martin Bucer und Johannes Oekolampad auf.

Im Jahr 1521 war Franz ein Idol für den niederen Adel geworden. Unter dem Einverständnis Karl V., der ihm den Titel eines kaiserlichen Rates verliehen hatte, begann er neue Fehden. Unter anderem wegen eines offenen Darlehens des Kaisers geriet er immer mehr in finanzielle Not. 1522 versuchte Franz schließlich Trier im Sinne der Reformation zu säkularisieren. Daraus resultierte der sogenannte »Pfaffen- oder Ritterkrieg«. Die Belagerung Triers scheiterte im September desselben Jahres und die ihm feindlich gegenüberstehende

Fürstenkoalition schlug so stark zurück, dass Franz sich 1523 auf seine Burg Nanstein zurückziehen musste, wo er bereits nach zwei Tagen zur Kapitulation gezwungen war. Er wurde beim Beschuss der Burg selbst schwer verwundet und starb am 7. Mai.

Familiäres: Nach dem Tod seiner ersten Frau Hedwig, die ihm sieben Kinder geboren hatte, blieb Franz von Sickingen Witwer. Das Erbe durften seine Söhne erst 19 Jahre nach seinem Tod antreten. Sie führten dann auch in den übrigen Teilen ihres Gebietes die Reformation ein.

Orte: Ebernburg, Frankreich, Trier

Auch das noch: Obwohl er nie zum Ritter geschlagen worden war, wurde ihm der Titel »Letzter Ritter« zuerkannt, den er sich mit Kaiser Maximilian I. teilt.

Georg von Brandenburg

»der Fromme«

* 4. März 1484 in Ansbach
† 27. Dezember 1543 in Ansbach

Markgraf von Ansbach und Brandenburg-Kulmbach

Da sein Bruder für die Nachfolge als Markgraf bestimmt war, wurde Georg zunächst mit Domherrenpfründen in Würzburg ausgestattet und nahm später am Landshuter Erbfolgekrieg teil. 1506 wurde er an den Hof seines Onkels König Vladislav II. in Böhmen geschickt.

Seine erste Ehe mit Beatrice de Frangepan brachte ihm ein großes Erbe ein. Georg veräußerte die Besitztümer nach und nach ins Schlesische. Im Jahr 1515 entmachteten er und sein Bruder Kasimir ihren Vater Friedrich und ließen ihn gefangen nehmen. Kasimir regierte daraufhin allerdings hauptsächlich allein. In den nächsten Jahren gewann Georg schlesische Herzogtümer für sich. Schließlich wurde er alleiniger Markgraf und Vormund von Kasimirs Sohn, deshalb kehrte er nach Ansbach zurück.

Georg setzte die Reformation in seinen schlesischen Besitztümern durch und unterhielt schon früh brieflichen Kontakt mit → Martin Luther. Außerdem führte er die Brandenburgisch-Nürnbergische Kirchenordnung 1533 ein. Seinen Bruder → Albrecht von Preußen unterstützte er darin, den Ordensstaat in das weltliche Herzogtum Preußen zu verwandeln. Georg hörte Predigten von Andreas Osiander und besuchte Luther zweimal persönlich in Wittenberg. Auch in der Reichspolitik setzte er sich entschieden für die neue Lehre ein, blieb aber diplomatisch und versuchte , die Reformation theologisch und rechtlich zu legitimieren. Er unterzeichnete die Protestation zu Speyer, bekannte sich zu

den Schwabacher Artikeln und unterschrieb schließlich auch die Confessio Augustana. Georg von Brandenburg wurde im Kloster Heilsbronn bestattet.

Familiäres: Georgs erste Frau Beatrice de Frangepan starb bereits nach einem Jahr Ehe. Seine zweite Frau Hedwig schenkte ihm zwei Töchter. Aus seiner dritten Ehe mit Aemilia von Sachsen gingen drei Töchter und schließlich der ersehnte Erbe Georg Friedrich hervor.

Orte: Ansbach, Ofen

Zitat: »Ehe ich Gott und mein Evangelium verleugne, will ich lieber niederknien und mir den Kopf abschlagen lassen.«

Wappen an der Altar-Empore

Philipp Landgraf von Hessen
*13.11.1504 / +31.3.1567
einer der maßgebenden evangelischen Fürsten, zusammen mit Johann Friedrich Anführer des Schmalkaldischen Bundes

Fürst Wolfgang »der Bekenner« von Anhalt
*1.8.1492 / +23.3.1566
(Köthen), beteiligt an der Protestation von Speyer 1529

Kurfürst Friedrich III. von Sachsen
*17.1.1463 / +5.5.1525
Förderer und Beschützer Luthers

Wappen an der linken Empore des Kirchenschiffes

Kurfürst Joachim II von Brandenburg
*13.1.1505 / +3.1.1571
führte 1538 die Reformation in der Mark Brandenburg ein.

Markgraf Georg »der Bekenner« von Brandenburg
*4.3.1484 / +27.12.1543
Ansbach (Franken), beteiligt an der Protestation von Speyer 1529

Herzog Albrecht in Preußen
*17.5.1490 / +20.3.1568
Hochmeister des Deutschen Ordens, besuchte Luther 1535 in Wittenberg, wurde evangelischer Herzog von Preußen.

Herzog Ernst von Braunschweig-Lüneburg
*27.6.1497 / +11.1.1546
»der Bekenner«, beteiligt an der Protestation von Speyer

Graf Philipp III. von Nassau
*20.9.1504 / +4.10.1559
förderte die Reformation, korrespondierte mit Luther.

Graf Johann Heinrich von Schwarzburg
*1496 / +14.03.1555
war an Luthers Sterbebett 1546 in Eisleben.

Graf Georg Ernst von Henneberg
*27. 5. 1511 / +27.12.1583
bat die Wittenberger um einen evangelischen Prediger.

Graf Albrecht von Mansfeld
*18.07.1480 / +4.3. 1560
mit Luther befreundet, besiegte die Bauern mit Thomas Müntzer 1525 bei Frankenhausen.

Graf Georg II. von Wertheim
*08.2.1487 / +April 1530
Reichspolitiker, bat Luther um einen evangelischen Prediger.

Graf Edzard von Ostfriesland
*Januar 1462 / +14.2.1528
förderte die Reformation in seinem Gebiet.

Degenhard von Pfeffinger
*3.2.1471 / +3.7.1519
Kämmerer Friedrichs des Weisen, starb an der Pest in Frankfurt/Main.

Haubold von Einsiedel
*um 1465 / +1522
begleitete Friedrich den Weisen 1493 ins Heilige Land, war dann einer seiner vier »täglichen« Räte und ein »guter Lutherer«.

Bernhard von Hirschfeld
*1490 / +26.1.1551
Amtmann in Schlieben, 1546/47 einer der Kommandanten der Festung Wittenberg im Schmalkaldischen Krieg

Eberhard von der Tann
*4.9.1495 / +9.6.1574
Kursächsischer Rat, ab 1528 Hauptmann der Wartburg, »Hofkammermeister«

Johann von Rietesel
*? / +1543 (?)
Kammersekretär Johanns des Beständigen, nach Johanns Tod entlassen

Johann von Löser
*? / +1541 (?)
Pate von Luthers Sohn Paul, Erbmarschall von Sachsen

Bernhard von Mila (von Mühlau?)
*1498 (?) / +1561
ab 1531 Hauptmann in Wittenberg

Michael von der Straßen
*1483 / +1531
Geleitsmann in Borna, bei ihm übernachtete Luther 1522 auf Rückweg von der Wartburg nach Wittenberg.

Asmus von Spiegel
*um 1500 / +28.1.1551
(Erasmus v. Sp.), Landvogt von Kursachsen, begleitete Luthers Sarg von Bitterfeld bis Wittenberg.

Hartmut von Kronberg
*1488 / +7. August 1549
Freund Luthers und politischer Schriftsteller, beteiligt am Aufstand Sickingens.

Hans von Berlepsch
*um 1480 / +1533
1517–25 Hauptmann der Wartburg

Justinian Holzhausen
*Oktober 1502 / +9.9.1553
studierte in Wittenberg, später Bürgermeister in Frankfurt/Main, Patrizier

Wappen an der rechten Empore des Kirchenschiffs

König Gustav von Schweden
Mai 1496 / 29.9.1560
führte die Reformation in Schweden durch, korrespondierte mit Luther, schenkte ihm einen Silberbecher.

Herzog Heinrich d. Fr. von Sachsen
*16.3.1473 / +18.8.1541
ließ ab 1539 die Reformation im Herzogtum Sachsen einführen.

König Christian II. von Dänemark
*1.7.1481 / +25.1.1559
richtete 1523 unter dem schwedischen Adel ein Blutbad an, wurde abgesetzt, floh genannt »der Blutige« nach Wittenberg, lernte Luther kennen.

Herzog Ulrich von Württemberg
*8.2. 1487 / +6.11.1550
führte 1534 in seinem Territorium die Reformation ein.

Herzog Barnim von Pommern
*2.12.1501 / +2.11.1573
studierte in Wittenberg, 1519 Ehrenrektor der Universität, begleitete Luther zur Leipziger Disputation.

Graf Ludwig von Stolberg
*12.1.1505 / +1.9.1574
Reichspolitiker, Freund Luthers und Melanchthons

Graf Ludg. von Oettingen
*26.4.1486 / +24.31557
korrespondierte mit Luther.

Graf Hermann von Wied
*14. 1.1477 / +15.8.1552
ab 1515 Erzbischof von Köln; 1547 abgesetzt, weil er die Reformation einführen wollte.

Anarch von Wildenfels
*um 1490 / +1539

Johann von Dolzigk
*1473 / +1535
Hofmarschall bei Friedrich dem Weisen und Johann dem Beständigen

Bastian von Kötteritz
*? / +?
nachgewiesen zwischen 1523-33: Amtmann in Düben und Bitterfeld

Hans von der Planitz
*1473 / +10.7.1535
Vertreter Friedrichs des Weisen beim Reichsregiment, Diplomat

Asso von Kram
*um 1490 / +1528
(auch Assa v. Cramm), kursächsischer Reitergeneral

Georg von Polenz
*1487 / +1550
evangelischer Bischof des Samlandes in Ostpreußen ab 1518

Hans von Minkwitz
*um 1483 / +1544 (?)
Hofrat Johann Friedrichs des Großmütigen

Hans von Taubenheim
*? / +1541 (?)
Kurfürstlicher Rat und Visitator

Joachim von Pappenheim
*1490 / +16.10.1536
traf Luther in Worms 1521, später Gesandter Kurfürst Johanns (1530).

Caspar von Köckeritz
* evtl. um 1499 / +1567
Freund Luthers

Wappen an der rechten Empore des Kirchenschiffs

Hans von Rechenberg
*? / +?
korrespondierte mit Luther 1522/23 über theologische Fragen.

Dietrich von Maltzahn
* um 1500 / +1563 oder um 1570
Landmarschall von Mecklenburg

Wappen an der Orgelempore

Johann von Schwarzenberg
*25.12.1463 / +21.10.1528
Jurist, verfasste die »Bamberger Halsgerichtsordnung«.

Georg von Frundsberg
*24.9.1473 / +20. 8.1528
kaiserlicher Feldhauptmann, »Vater der Landsknechte«

Ulrich von Hutten
*21.4.1488 / +29.8.1523
Humanist und politischer Schriftsteller, Luther ging zu ihm auf Abstand

Franz von Sickingen
*2.3.1481 / +7.5.1523
Anführer des Aufstandes etlicher Ritter um 1522/23

Sylvester von Schauenburg
*um 1470 / +29.6.1534
(auch: Schaumburg, Schauenberg) bot Luther 1520 Schutz an, war dann Amtmann in Münnerstadt.

ADELSWAPPEN AM FÜRSTENGESTÜHL

VII

Linke Seite Altarraum

König von Preußen, dt. Kaiser

König von Württemberg

Großherzog von Hessen

Großherzog von Sachsen-Weimar

Herzog von Oldenburg

Herzog von Sachsen-Meiningen

Herzog von Sachsen-Coburg-Gotha

Fürst von Schwarzburg-Sondershausen

Fürst von Waldeck und Pyrmont

Fürst von Reusz – jüngere Linie

Fürst von Lippe-Detmold

Bürgermeister der Freien und
Hansestadt Bremen

Rechte Seite Altarraum

Großherzog von Baden

Großherzog von Mecklenburg-Schwerin

Großherzog von Mecklenburg-Strehlitz

Großherzog von Braunschweig-Lüneburg

Herzog von Sachsen-Altenburg

Fürst von Anhalt

Fürst von Schwarzburg-Rudolstadt

Fürst von Reusz – ältere Linie

Fürst von Schaumburg-Lippe

Bürgermeister der Freien und Hansestadt Lübeck

Bürgermeister der Freien und Hansestadt Hamburg

Zur Baugeschichte der Schlosskirche

BERNHARD GRUHL

Die Geschichte der Schlosskirche in Wittenberg umfasst etwa 700 Jahre. Ihre besondere Bedeutung hat sie darin, dass sie in einigen Epochen eng mit der deutschen Reichs- und Kirchengeschichte verknüpft ist. Die Anfänge aber waren unscheinbar.

Eine Urkunde bezeugt, dass der Erzbischof Otto von Magdeburg dem sächsischen Herzog und Kurfürsten Rudolf I. (Regierungszeit 1298–1356) **1338** die Erlaubnis erteilte, eine südlich der Stadt gelegene, wohl wegen häufigen Hochwassers der Elbe aufgegebene Kapelle abbrechen und im Hof seines Schlosses wieder aufbauen zu lassen. Sie wurde der Maria und allen Heiligen geweiht und deshalb als »Allerheiligenkapelle« bezeichnet. Für den liturgischen Dienst in ihr gründeten der Kurfürst und seine Söhne 1353 ein Kollegiatsstift, das man »Allerheiligenstift« nannte.

Etwa 150 Jahre später, **1489**, ließ Kurfürst Friedrich der Weise (1463–1525) das alte Schloss samt der Kapelle abreißen und ein repräsentativeres Schloss errichten, das bereits gewisse Merkmale der Renaissance zeigte. Sein Nordflügel wurde als Schlosskirche erbaut und 1503 wie die frühere Kapelle »allen Heiligen« geweiht. Diese neue Kirche ließen der Fürst und weitere Stifter mit Bildern und Kunstwerken schmücken, die von bekannten Meistern wie Albrecht Dürer, Tilman Riemenschneider, Conrad Meit und Friedrichs Hofmaler Lucas Cranach stammten. Außerdem beherbergte die Kirche eine beachtliche Reliquiensammlung, die Friedrich stetig zu mehren wusste, so dass man 1518/19 etwa 5005 Reliquien und rund 19000 Partikel zählte. Alljährlich nach Ostern und zu Allerheiligen stellte er diese aus und entwickelte die Kirche so zum Wallfahrtsort.

Zur weiteren Aufwertung seiner neuen Residenz in Wittenberg gründete der gebildete Fürst 1502 eine Universität, zu deren Universitätskirche er 1507 seine Kirche bestimmte. Zu den akademischen Lehrern gehörten bald auch der von seinem Erfurter Augustinerkloster an die neue Universität versetzte Mönch Martin Luther (1483–1546) sowie der hochgebildete Philipp Melanchthon (1497–1560).

Nachdem Kurfürst Friedrich, der Luther zwar geschützt hatte, aber dessen Reformen »viel zu kühn« fand, im Mai 1525 gestorben war, ließ sein Nachfolger Johann der Beständige (1468–1532) das Allerheiligenstift und die Reliquiensammlung auflösen.

1760 wurde Wittenberg im Siebenjährigen Krieg beschossen. Nicht nur ein Drittel aller Häuser, sondern auch das Schloss und seine Kirche brannten nieder. Die kostbaren Gemälde, Denkmäler und die alte hölzerne »originale Thesentür« gingen verloren. Erst nach Jahren konnte die Kirche auf sparsame Weise repariert und 1770 wieder geweiht werden, diesmal nicht allen Heiligen, sondern dem einen Gott allein.

1814 kam die Stadt nach der Vertreibung der Besatzung Napoleons unter die Herrschaft des preußischen Königs Friedrich Wilhelm III. (1770–1840). Er ordnete die Verlegung der Universität nach Halle an, begründete dafür aber 1817 in Wittenberg ein evangelisches Predigerseminar und wies ihm die Schlosskirche als Predigtstätte zu, welche es bis heute innehat. Das zerstörte Schloss übernahm die preußische Armee und baute es zu einer mit Kanonen bewehrten »Defensionskaserne« um.

1858 ließ der nächste preußische König Friedrich Wilhelm IV. (1795–1861) für das Hauptportal der Kirche eine neue Tür aus Bronze einsetzen. Der Architekt und preußische Staatskonservator Ferdinand von Quast (1807–1877) wurde damit beauftragt, die alte Tür nicht nur zu ersetzen, sondern ein künstlerisches Denkmal zu schaffen. So sind auf ihr in erhabener Schrift und in lateinischer Sprache Luthers 95 Thesen zu sehen. Von dem neu gestalteten Thesenportal stach das vernachlässigte Kirchengebäude nun so merklich ab, dass es dem Kronprinzen Friedrich Wilhelm von Preußen (1831–1888) bei einem Besuch der Wittenberger Garnison auffiel und zum Handeln bewegte. 1880 beauftragte er den Berliner Oberbaurat Friedrich Adler (1827–1908) mit der Ausarbeitung der Pläne für einen tiefgreifenden Umbau der Kirche.

Man wollte keine auf »antiquarische Gelehrsamkeit gegründete« Wiederherstellung der Kirche Friedrichs des Weisen anstreben, sondern aus dem überkommenen Bauwerk ein stolzes Denkmal der »deutschen Reformation« machen. Dieser Plan wurde unter Adlers Leitung 1885–92 – nicht ohne bei Fachleuten Widerspruch zu erregen – im neugotischen Stil durchgeführt. Die wichtigste Veränderung am Außenbau war die Umgestaltung des alten Schlossturms an der Westseite zu einem 88m hohen Kirchturm mit einer repräsentativen Kuppel. Das Innere schmückte man mit einem neugotischen Kalksteinaltar sowie einer im gleichen Stil geschnitzten Kanzel und einem Fürstengestühl.
Vor den Pfeilern stellte man überlebensgroße Steinfiguren auf, die Luther und seine getreuen Mitstreiter darstellen. Darüber bildete man auf Bronzemedaillons die wichtigsten Vorkämpfer, Prediger und Förderer der Reformation ab. Die Wappen der Adeligen, ohne deren Unterstützung es die Reformation schwerer gehabt hätte, schmücken die Emporenbrüstung. Die kunstvoll gefertigten Glasfenster zeigen die Städte, die während der Ausbreitung der Reformation eine bedeutende Rolle spielten.

Am 31.10.**1892** wurde die erneuerte Schlosskirche in Gegenwart Kaiser Wilhelms II. (1859–1941), der deutschen Fürsten, viel weiterer Prominenz und einer großen Volksmenge wieder eingeweiht.

Die Konzeption Friedrich Adlers ist die Ausstattung, die bis heute in der Kirche zu sehen ist.

1983 feierte man den 500. Geburtstag Martin Luthers mit Festgottesdiensten in der Schloss- und Stadtkirche. Vor diesen Jubiläen wurden mit Mitteln des Staates und der Kirchen dringende Sanierungsarbeiten an beiden Kirchen ausgeführt. So hat man z. B. 1982/83 am Schlosskirchenturm das weithin sichtbare Mosaik von 1890 mit den ersten Worten von Luthers Choral »Ein feste Burg ist unser Gott, ein gute Wehr und Waffen« erneuert und im Kirchenschiff drei der unteren Fenster mit zwölf Porträts europäischer Reformatoren geschmückt. Mit diesen Glasfenstern sollte die Reformation bewusst als ein ökumenisches Ereignis gewürdigt und ihre verengte, bloß nationale Auffassung überwunden werden.

1989 kam es durch die massenweise Flucht von Bürgern aus der DDR zur Krise des SED-Staates. Angesichts dessen lud der Wittenberger Pastor Friedrich Schorlemmer am 10. Oktober nach dem Beispiel der »Friedensgebete« in der Leipziger Nikolaikirche zu einem wöchentlichen »Gebet um Erneuerung« in die Schlosskirche ein. Da sie für die herbeiströmende Menge an Menschen zu klein war, veranstaltete man parallel in der Stadtkirche gleiche Gebetsversammlungen.

1996 setzte die UNESCO die Schlosskirche mit den anderen Lutherstätten der Stadt auf die Liste des Weltkulturerbes.

Von **2012–16** wurden die Schlosskirche und ihr Turm gründlich saniert. Im Schloss schuf man Räume für einen »Besucherempfang« und eine repräsentative Tür, die von dort in die Kirche führt.

Nachwort

Nachts in der Schlosskirche

Nachts im Museum, so erzählt es der kroatische Autor Milan Trenc in seinen gleichnamigen Filmen, werden die Ausstellungsstücke auf einmal lebendig und führen ein eigenes Leben. Dadurch gerät das Leben des Museumsnachtwächters ganz schön durcheinander und er hat das eine oder andere Abenteuer zu bestehen.

Nachts in der Schlosskirche?

Ich finde es reizvoll, mir vorzustellen, wie all die ehrwürdigen Gestalten, die hier versammelt sind, dann miteinander ins Gespräch kommen, über Jahrhunderte und räumliche Entfernungen hinweg. Philipp Melanchthon unterhält sich mit der Heiligen Katharina und Ulrich von Hutten mit Friedrich dem Weisen. Hans Sachs trägt sein neuestes Gedicht zum Ruhm der »Wittenbergisch Nachtigall« vor, während Caspar Cruciger sich voller Begeisterung mit Nikolaus von Amsdorf über den von ihm, Cruciger, angelegten botanischen Garten der Universität austauscht. Und schließlich greifen Martin Luther und Justus Jonas zur Laute und lassen ihre reformatorischen Lieder erklingen.

Auch etliche Streitigkeiten, die tiefe Gräben aufgerissen und über Jahrhunderte die reformatorische Bewegung gespalten haben, könnten in einer solchen nächtlichen Runde vielleicht doch noch einer Lösung zugeführt werden. Schließlich sehen alle, die tagsüber auf den Säulen und in den Medaillons der Schlosskirche ihren Platz haben, dass nunmehr lutherisch und reformiert geprägte Christen gemeinsam das Abendmahl feiern. Johannes Calvin und Ulrich Zwingli in den Medaillons unter der Orgelempore könnte das ebenso freuen wie Martin Luther und Philipp Melanchthon auf den Säulen im Chorraum.

Zwar bleibt tagsüber alles ruhig. Trotzdem können wir mit ihnen ins Gespräch kommen. Nicht zuletzt trägt dazu die schöne Zusammenstellung an biografischen Notizen bei, die

Uwe Birnstein in diesem Buch vorgelegt hat. Warum sollte aus deren Lektüre für uns nicht auch ein Abenteuer werden? Die kurzen Portraits ermöglichen es, den einzelnen Personen näher zu kommen. Sie machen neugierig, mehr über die Protagonisten der Reformation zu erfahren, vielleicht in die eine oder andere Schrift hineinzuschauen, im Geschichtsbuch nachzuschlagen, ein Gemälde zu betrachten oder einfach in den Gesang ihrer Lieder einzustimmen. »Wir sind zum Gespräch geboren«, so beschreibt Melanchthon die Bestimmung des Menschen. Und für Martin Luther ist das geschwisterliche Gespräch über die Fragen des Glaubens neben der Predigt und den Sakramenten auch eine Weise der Evangeliumsverkündigung: »Denn Gott ist überschwenglich reich in seiner Gnade: Erstens durch das mündliche Wort, in dem die Vergebung der Sünden in alle Welt gepredigt wird, was die eigentliche Aufgabe des Evangeliums ist, zweitens durch die Taufe, drittens durch das heilige Altarsakrament, viertens durch die Schlüsselgewalt und auch durch das gegenseitige Gespräch und die Tröstung der Brüder, Mat.18,20.«

Zu solchen Gesprächen und zu solcher Ermunterung oder Tröstung sind auch wir Heutigen berufen und eingeladen – die Schwestern auf Augenhöhe mit den Brüdern. Miteinander und im Gespräch mit denen, die vor uns gelebt haben, werden wir herausfinden, auf welche Weise die Anliegen und Einsichten der Reformation uns heute betreffen und weiterhelfen.

Ich danke der Evangelischen Wittenbergstiftung für ihre Initiative, dieses »Who is Who« für die Schlosskirche herauszugeben und der Öffentlichkeit zugänglich zu machen. Allen, die in diesem Buch lesen, wünsche ich bereichernde Begegnungen mit den hier vorgestellten Persönlichkeiten, Freude beim Besuch der Wittenberger Schlosskirche und eine Gewinn bringende Betrachtung ihres so reichhaltigen Bildprogramms.

DR. HANNA KASPARICK
Direktorin des Evangelischen Predigerseminars Wittenberg

Die Evangelische Wittenbergstiftung

Aus der Satzung der Evangelischen Wittenbergstiftung:
»Einer der bedeutendsten Ursprungsorte der Reformation im 16. Jahrhundert ist Wittenberg. In dieser Stadt mit ihren historischen Stätten soll die Stiftung das reformatorische Anliegen Luthers aufnehmen und immer wieder neu mit Leben füllen.

Darüber hinaus sollen interessierte Besucher und Besucherinnen in die Geschichte und Bedeutung der von Wittenberg ausgehenden Reformation eingeführt und mit den gegenwärtigen Bestrebungen zur Erneuern der evangelischen Kirche vertraut gemacht werden.

Die Stiftung erfüllt ihren Zweck im Zusammenwirken mit der Evangelischen Kirche in Deutschland (EKD) in Gemeinschaft mit ihren lutherischen, reformierten und unierten Gliedkirchen sowie den gliedkirchlichen Zusammenschlüssen und in Verbundenheit mit den Kirchen der Reformation weltweit.«

Die Schlosskirche Wittenberg ist eine Kirche mit besonderer symbolischer Bedeutung für den evangelischen Glauben.

Als ständige Präsenz der EKD in Wittenberg trägt die Evangelische Wittenbergstiftung (EWS) zur geistigen Erschließung dieser besonderen Kirche bei. So bildet sie beispielsweise Menschen zu Schlosskirchenführenden aus, wobei der besondere Fokus dieser Ausbildung auf der Vermittlung theologischer und geistlicher Inhalte liegt. Aus der Ausbildung heraus entstand auch die Idee für das vorliegende Buch.

Darüber hinaus sollen unter anderem auch Kindern und Jugendlichen Wittenberg als geistlicher Ort eröffnet werden. Hierfür hat die EWS ein Stadterkundungsspiel entwickelt.

Nähere Informationen finden Sie unter:
www.evangelische-wittenbergstiftung.de

Literatur

Friedrich Adler: Die Schlosskirche und ihre Wiederherstellung, Saxoniabuch Dresden 2015 (Faksimile der Originalauflage 1895)

Bernhard Gruhl: Die Schlosskirche in der Lutherstadt Wittenberg. Verlag Schnell + Steiner 2006

Fritz Löffler: Die Schlosskirche zu Wittenberg, Berlin 1966

Martin Steffens / Insa Christiane Hennen: Von der Kapelle zum Nationaldenkmal. Die Wittenberger Schlosskirche, Stiftung Luthergedenkstätten in Sachsen-Anhalt, Wittenberg 1998

Lageplan I

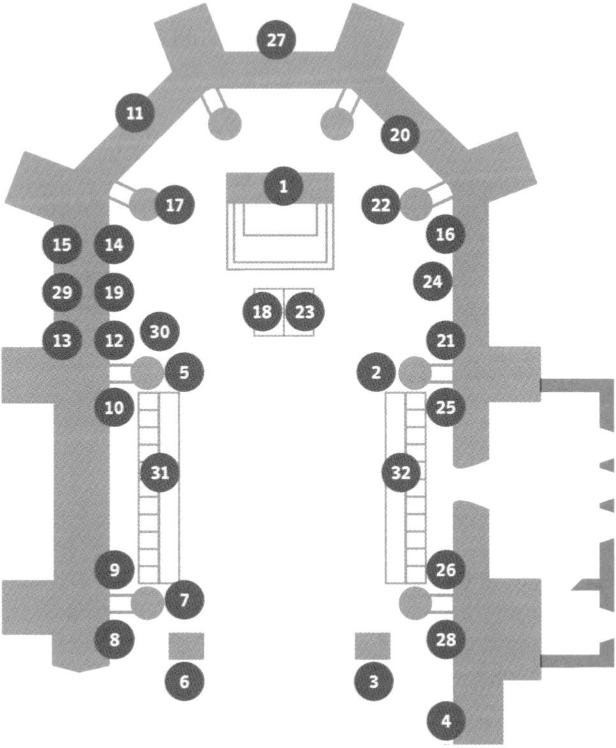

27
11
20
1
17
22
15
14
16
24
29
19
18
23
30
13
12
21
5
2
10
25
31
32
9
26
7
8
28
6
3
4

Christus-Altar	1
Standbilder	
Martin Luther	2
Grab	3
Grabplatte (Abguss)	4
Philipp Melanchton	5
Grab	6
Johannes Bugenhagen	7
Bronzemedaillons	
Lucas Cranach d. Ä.	8
Ernst von Braunschweig-Lüneburg	9
Philipp von Hessen	10
Adelswappen	11
Albrecht von Preußen	12
Adelswappen	13
Joachim II. von Brandenburg	14
Adelswappen	15
Friedrich III. »der Weise« von Sachsen	16
Marmorstatue	17
Grab	18
Bronze-Epitaph	19
Adelswappen	20
Johann »der Beständige« von Sachsen	21
Marmorstatue	22
Grab	23
Bronze-Epitaph	24
Johann Friedrich I. »der Großmütige« von Sachsen	25
Wolfgang von Anhalt-Köthen	26
Adelswappen	27
Johann von Staupitz	28
Adelswappen Empore	
Georg »der Fromme« von Brandenburg	29
Adelswappen Fürstengestühl	
Kaiserstuhl	30
Stühle links	31
Stühle rechts	32

Lageplan II

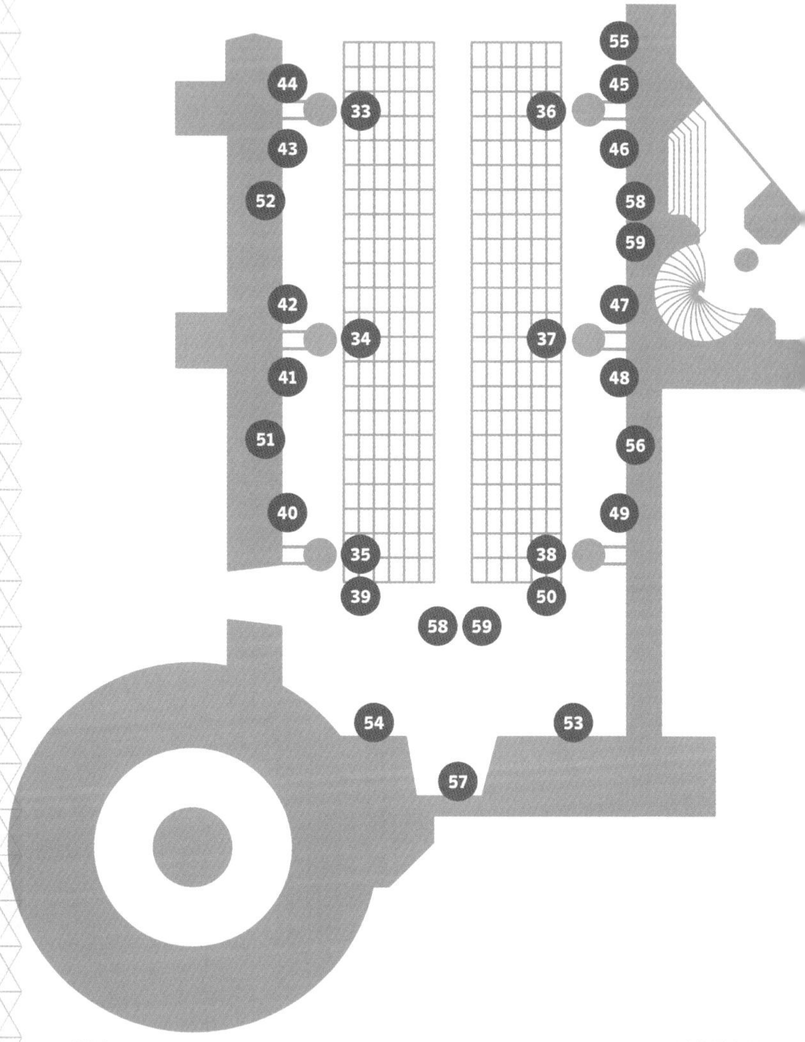
55
44
45
33
36
43
46
52
58
59
42
47
34
37
41
48
51
56
40
49
35
38
39
50
58
59
54
53
57

Herausgegeben von der
Evangelischen Wittenbergstiftung
ISBN 978-3-00-053952-7

Autor: Uwe Birnstein.
Redaktionelle Mitarbeit: Meike Dobschall, Sonja Poppe.

Gestaltung: wunderlichundweigand, Schwäbisch Hall

Konzeption, Projektmanagement: Evangelische Wittenbergstiftung/
Sonja Dreyer und BirnsteinsBüro, Lutherstadt Wittenberg
Druck: Elbe-Druckerei, Lutherstadt Wittenberg
Fotos: Kolja Warnecke, außer: 2, 133, 136–144, 160–163: Uwe Birnstein;
10: Maurice Weiss; 169: privat; Schlosskirchenmotiv auf
der Titelseite: © omika/fotolia.com

Bestellbar über www.evangelische-wittenbergstiftung.de

Das Buch ist auch in englischer Sprache erschienen unter dem Titel »Who's Who in Wittenberg's Castle Church. Figures of the Reformation in statues, stained glass windows and medaillons«, ISBN 978-3-00-054234-3